Heute nicht, Liebling –
ich hab' Migräne...

oder

Wie die Leidenschaft zurückkehrt

Widmung

Dieses Buch widme ich allen Menschen, die nicht bereit sind, sich mit der einschlafenden Leidenschaft in ihrer Beziehung abzufinden.

Ich widme es den Frauen, die von Selbstzweifeln geplagt sind, die sich schuldig fühlen und die keine Erklärung für die unglückliche Situation finden.

Ich widme es den Männern, die ihre Frauen lieben, die offen und bereit sind zu erkennen, dass es keinen Schuldigen gibt.

Ich widme es den Paaren, die Lust darauf haben, sich ihre Leidenschaft wieder zu erarbeiten.

Ich widme dieses Buch allen Menschen, die mich durch ihr großes Vertrauen und ihre Offenheit bei meinen Untersuchungen unterstützt haben.

Gleichzeitig sage ich genau diesen Menschen DANKE.

Mein besonderer Dank gilt Karl Lux, der dieses Buch so wunderbar illustriert hat und Anna Pöthke, die den Satz und die Gestaltung übernommen hat.

Danke, Micha, für eine wundervolle Beziehung.

Lena Bredow

Lena Bredow

Heute nicht, Liebling –
ich hab' Migräne...

oder

Wie die Leidenschaft zurückkehrt

Bibliografische Information der Deutschen Nationalbibliothek:
Die Deutsche Nationalbibliothek verzeichnet diese Publikation in der Deutschen Nationalbibliografie; detaillierte bibliografische Daten sind im Internet über http://dnb.d-nb.de abrufbar.

© 2008 Lena Bredow
Herstellung und Verlag:
Books on Demand GmbH, Norderstedt
Gestaltung: Anna Pöthke, Backnang
Cartoon-Zeichnungen: Karl Lux, www.lux-cartoons.at
ISBN: 978-3-8370-4835-3

Inhaltsverzeichnis

Vorwort

Wenn Paare gefragt werden, wie häufig sie Sex haben, dann lügen sie nicht selten, dass sich die Balken biegen! Meist lautet die Antwort: zweimal pro Woche. Das stimmt in aller Regel nur dann, wenn sich die Paare weniger als zwei Jahre kennen, sich sozusagen in der Honeymoon-Phase befinden. Sind sie schon länger zusammen, dann ist die „Zweimal pro Woche"-Antwort entweder eine dicke Lüge oder tatsächlich eher die Ausnahme. Woher ich das weiß? Ich habe diese Frage viele Jahre lang gestellt – und ganz andere Antworten erhalten. Sicherlich lag es auch daran, dass ich kein fremder „Interviewer" war, sondern eine Vertraute, die zu den Befragten eine Beziehung aufgebaut hatte. In meinem Beruf als Fitnesstrainerin lerne ich ganz selbstverständlich viele Menschen näher kennen, baue zwangsläufig Beziehungen auf und erfahre dabei auch sehr viel Privates. Natürlich erzählte mir Frau P. nicht einfach so, wie oft sie sich mit ihrem Mann vergnügt, oder Herr M., wie häufig er von seiner Frau zurückgewiesen wird. Trotzdem ergab sich dieses Thema ebenso wenig zufällig. Ich war interessiert, sehr interessiert sogar. Zum einen fasziniert mich der Mensch und seine gesamte (nicht nur sexuelle) Entwicklungsgeschichte schon seit meiner Kindheit, zum anderen wurde meine Neugier durch das persönliche Dilemma besonders verstärkt, dass ich eines Tages selbst zur „Betroffenen" wurde. Betroffen von der Unlust, mit meinem geliebten Mann schlafen zu wollen…

Viele Jahre lang war ich ganz sicher, dass mit mir etwas nicht stimmte. Es konnte doch nicht normal sein, dass ich in meiner ansonsten funktionierenden Ehe so selbstverständlich ohne Sex leben konnte – und schlimmer noch, ohne Sex leben *wollte*. Eigentlich kam es sogar noch dicker:

Ich hatte nicht nur keine Lust – ich hatte eine regelrechte Abneigung dagegen entwickelt. Abendliche Migräne war nur eine der Ausreden, mit der ich versuchte, mich meinen „ehelichen Pflichten" zu entziehen. Daraus resultierte irgendwann eine Ehekrise, die sich gewaschen hatte.

Eines Tages vertraute ich mein Problem einer Freundin an und ihre Reaktion auf meine „Beichte" sollte mein ganzes Leben verändern: Es ging ihr auch nicht besser als mir! Von nun an wurde es spannend. Ich begann, in der gesamten Verwandtschaft umherzufragen. Zunächst sprach ich ausschließlich mit Frauen, später auch mit Männern. Es war schon fast unheimlich, aber am Ende gab es kaum ein Paar in meiner Nähe, das länger als zwei Jahre zusammen war, bei dem sich in den Betten noch die große Leidenschaft abspielte – im Gegenteil. Alle Frauen kannten das Unlustproblem und nicht eine erzählte über ein erfülltes Sexualleben. Spätestens jetzt war mir klar: Für ein gemeinsames Problem musste es auch eine gemeinsame Ursache geben.

Heute bezeichne ich es als glücklichen Zufall (falls es Zufälle gibt), dass ich mich seit frühester Kindheit mit den Schutzmechanismen beschäftige, die der Homo sapiens im Laufe seiner Evolution entwickelt hat, um zu überleben. Genau hier fand ich nämlich die verblüffende Antwort auf die mich bewegende Frage.

Die Evolution des Menschen ist bis heute nicht restlos entschlüsselt und niemand weiß genau, was sich in den Millionen Jahren wirklich abgespielt hat, in denen sich das Leben auf der Erde entwickelte. Die Wissenschaft ist diesem Rätsel zwar auf der Spur und fast täglich gelangt man zu neuen Erkenntnissen, erweisen sich alte als überholt bzw. falsch. Trotzdem bleibt vieles graue Theorie. Eines jedoch ist ganz sicher: Die Natur hat im Laufe der Jahrtausende ihre hervorgebrachten Spezies unermüdlich verbessert, hat sie an die unterschiedlichsten Lebensbedingungen angepasst und immer wieder optimiert.

Geschahen die Anpassungen nicht schnell genug, starben ganze Arten aus und verschwanden für immer vom blauen Planeten.

Der wichtigste Auftrag, den die Natur an alle ihre Lebewesen richtet, ist die erfolgreiche Fortpflanzung. Hierbei geht sie strategisch und sehr clever – nahezu perfekt – vor. Die ausgeklügelten Mechanismen, die sie für die Erhaltung der Arten entwickelt hat, spüren wir tagtäglich, auch wenn kaum jemand von uns auf die Idee kommt, scheinbar selbstverständliche Gefühle und Empfindungen einer *natürlichen* Erhaltungs- und Fortpflanzungsstrategie zuzuschreiben. Ebendieses Naturgesetz bildet die Grundlage für die These des vorliegenden Buches, denn exakt hier finden sich die Wurzeln – und die Lösungen – des Eingangs zitierten „Migräne-Problems".

Sein Verstand macht den Menschen zum höchst entwickelten Lebewesen auf der Erde. Nur beim Homo sapiens bildete sich das Gehirn ausreichend genug heraus, um etwas zu ermöglichen, das kein anderes Säugetier auf diesem Planeten kann: in die Zukunft planen, aus Fehlern lernen, Erfahrungen nutzen, Träume und Visionen entwickeln. Zusätzlich zu den genetisch programmierten Trieben und Instinkten hat nur der Mensch einen derart hohen Intellekt entwickelt. Es sei dahingestellt, ob diese Tatsache für unsere Erde und all ihre Lebewesen tatsächlich von Vorteil ist oder eher eines Tages den Untergang des schönen Planeten bedeuten wird. In jedem Fall wirft unsere Fähigkeit zu denken auch genau *die* Probleme auf, die das Zusammenleben von Mann und Frau vielfach in Missverständnisse stürzt, von denen andere Lebewesen nicht einmal etwas ahnen. Doch ist es auch unser Verstand, und vor allem das Wissen um die Gründe, *warum* etwas passiert, der uns letztlich den Ausweg aus dem evolutionären Dilemma ermöglicht.

Die menschliche Entstehungsgeschichte ist ein unglaublich faszinierendes Thema. Wer jedoch nicht an ein sich langsam und kontinuierlich entwickelndes Leben und an die Fähigkeit zur Anpassung an die jeweiligen Lebensumgebungen glaubt, der wird meiner These nicht zustimmen.

Aus Gründen der Fairness sei an dieser Stelle darauf hingewiesen, dass ich selbst weder Wissenschaftlerin noch Anthropologin, Sexualtherapeutin, Psychologin oder gar Gynäkologin bin. Ich war während meiner Recherchen lediglich eine (interessierte) Betroffene, die direkt „an der Front" studierte, sich auf keinen Fall mit dem sie belastenden Problem abfinden wollte und deshalb gleichermaßen verzweifelt wie neugierig nach Antworten suchte. Doch aus meinen zahlreichen Gesprächen mit Frauen und Männern und den daraus resultierenden Erkenntnissen über die Evolution, Biologie und Biochemie konnte ich eine Rechnung erstellen, die in der Summe eine ganz simple und logische Erklärung bietet. Diese Theorie ist für mich unglaublich logisch, aber sie muss es natürlich nicht für alle Menschen sein. Den Mut, trotzdem ein Buch darüber zu schreiben, gaben mir betroffene Paare, die allesamt die Zusammenhänge als genauso klar und logisch empfanden wie ich.

Begehen Sie jetzt aber nicht den Fehler, dieses Buch von hinten nach vorne zu lesen, um schnellstmöglich an die „Rettung" zu gelangen. Wenn Sie wirklich wollen, dass die Leidenschaft zurück in Ihre Beziehung findet, *dann müssen Sie zunächst verstehen, warum sie verschwunden ist!*

Allen Wissenschaftlern, die sich mit der menschlichen Entwicklung auseinandersetzen und die ihre Erkenntnisse veröffentlichen, möchte ich an dieser Stelle danken. Mein besonderer Dank gilt aber den vielen Menschen, die mir in größter Offenheit ihre Probleme anvertrauten und sich nicht scheuten, mir ihr Intimstes zu offenbaren. In unseren modernen Zeiten ist es zwar einfacher geworden, über Sex zu sprechen, aber wenn bei einem Phänomen das eigene Versagen thematisiert wird, weicht die Offenheit meist frustrierter Geheimniskrämerei – ja, sie wird häufig gar zu einem großen Tabuthema.

Sabíne und Heíko

Sabine

Sabine hatte ihre Tage. Als sie am Morgen erwachte, spürte sie das wohlbekannte unangenehme Ziehen in ihrem Bauch. Einerseits hasste sie die monatliche Blutung, andererseits freute sie sich auch regelrecht darauf. Heute – und in den nächsten Tagen – brauchte sie wenigstens kein schlechtes Gewissen zu haben …

Sabine ist seit fünf Jahren verheiratet. Sie liebt ihren Mann Heiko sehr und seit vier Jahren rundet ihr Söhnchen Kevin das kleine Familienglück ab. Sabine kannte Heiko zwar erst wenige Monate, als sie ihre Schwangerschaft bemerkte, aber sie wusste, dass er der Mann ihres Lebens war. Vom ersten Augenblick an passte einfach alles. Seine Art, sein Witz und sein Sexappeal. Deshalb freute sie sich über Heikos Heiratsantrag. Ohne den geringsten Zweifel wusste sie, dass sie an seiner Seite glücklich werden würde.

Fünf Monate nach ihrer Hochzeit kam Kevin zur Welt und alles schien perfekt zu sein. Heiko hatte einen tollen Beruf, der ihn forderte und ausfüllte, und Sabine ging in ihrer Mutterrolle völlig auf. Sie führten ein sorgenfreies Leben. Sex war für sie und ihren Mann sehr wichtig und immer wunderschön.

Das änderte sich – bei Sabine – nach ungefähr zwei Jahren.

Es geschah nicht von heute auf morgen, sondern schlich sich eher langsam in ihr Eheleben. Sabine hatte immer seltener Lust, mit Heiko zu schlafen. Sie hatte keine Erklärung dafür, aber ihr sexuelles Interesse schien langsam einzuschlafen. Spontan, wie früher die Regel, ging inzwischen gar nichts mehr. Heiko schob es zuerst auf den

Stress mit dem Kleinkind, aber Sabine wusste, dass es nicht so war. Ihr Sohn Kevin war ein denkbar liebes Kind und völlig unkompliziert. Sie fühlte sich in keiner Weise gestresst, und trotzdem …

Schon seit Monaten hatte sie nicht mehr die Initiative ergriffen, um mit Heiko zu schlafen. Im Gegenteil! Sie erwischte sich immer öfter bei dem Gedanken, dass sie froh war, wenn Heiko abends auf dem Sofa einschlief und nicht mehr zärtlich werden wollte. War das nicht der Fall, benutzte sie immer häufiger Ausreden. Bleierne Müdigkeit und die berühmten Kopfschmerzen mussten ebenso herhalten wie ihre Periode. Heiko war enttäuscht und die Stimmung zwischen ihnen wurde im Laufe der Zeit gereizter. Sein anfängliches Verständnis wurde mehr und mehr von Ärger und Enttäuschung abgelöst.

Sabine plagte deshalb permanent ein schlechtes Gewissen. Genau das setzte sie noch mehr unter Druck und schien nun auch noch den letzten Rest ihrer Lust zu töten.

Konnte das wirklich normal sein? Nein, sie war offensichtlich nicht normal. In den ersten Monaten ihrer Beziehung waren sie kaum voneinander losgekommen, hatten ganze Wochenenden im Bett verbracht. Heiko war ein wunderbarer Liebhaber und sie schlief doch eigentlich so gerne mit ihm. Was, um Himmels Willen, hatte sich plötzlich verändert? Heiko war es jedenfalls nicht, das stand für sie fest. Er war der gleiche gute Liebhaber geblieben. Sabine fand den Sex mit ihm auch nicht langweilig, aber ihr Körper schien einfach nicht mehr auf ihn reagieren zu wollen, sosehr sie es sich auch wünschte.

Lag es vielleicht an ihrer Vergangenheit? Möglicherweise weil das „erste Mal" mit einem Mann für sie ein schlimmes Erlebnis gewesen war und sie sehr lange unter dieser großen Enttäuschung gelitten hatte? Oder hatte sie eine Krankheit, von der sie nichts wusste? Heiko hatte sie letzte Woche in seiner Wut und Enttäuschung als frigide bezeichnet. Sabine war entsetzt, aber vielleicht hatte er ja recht, denn wenn seine Hand unter ihre Bettdecke glitt und sie berührte, würde sie am liebsten davonlaufen.

Das ging nun schon fast drei Jahre so. Inzwischen hatten die beiden aufgehört, darüber zu reden. Oft schlief Sabine mit Heiko nur um des lieben Friedens willen. Dies wiederum blieb ihrem Mann nicht verborgen und er schämte sich. Die Ehe begann, ernsthaft zu kriseln. Sabine suchte Rat bei ihrem Gynäkologen. Der konnte nichts Körperliches feststellen und riet ihr zu einer Therapie.

Die innere Sperre, die sie empfand, wenn Heiko zärtlich wurde, schien immer größer und mächtiger zu werden. Sabine konnte nicht dagegen ankämpfen und ihr wurde klar, dass ihre Ehe über kurz oder lang zum Scheitern verurteilt war. Irgendwann würde ihr Mann sich das, was ihm bei ihr fehlte, woanders holen – wenn er es nicht schon tat …

Es ist, wie in einen Abgrund springen zu müssen und dabei gar nicht springen zu wollen …

So beschreibe ich das Gefühl dieser Sperre.

Heiko

Heiko verstand die Welt nicht mehr. Alles könnte so schön, so perfekt sein, wäre da nicht der große Schatten, der über seinem Familienfrieden hing.

Sabine schlief immer seltener mit ihm.

Als er sie kennen lernte, waren sie sexuell ein Traumpaar. Sie konnten einfach nicht die Finger voneinander lassen, ganze Wochenenden verbrachten sie rund um die Uhr im Bett. Als Sabine schon nach wenigen Monaten schwanger wurde, heiratete er sie ohne einen Anflug von Zweifel. Mit dieser Frau wollte er eine gemeinsame Zukunft aufbauen, mit ihr wollte er alt werden und vielleicht eines Tages Enkelkinder auf den Knien schaukeln. Er fand sie als Mensch phänomenal – und als Geliebte absolut traumhaft.

Jetzt aber fühlte sich Heiko langsam betrogen.

Die Nächte, die er mit seiner Frau in leidenschaftlicher Umarmung verbrachte, wurden immer seltener. Genau genommen gab es sie gar nicht mehr. Anfangs hatte er sich keine großen Gedanken gemacht, wenn Sabine mal wieder keine Lust auf ihn hatte. Er schob es auf den Stress mit dem Baby und die Mutterrolle, die für seine Frau etwas ganz Neues war. Es würde sich mit der Zeit schon alles wieder einspielen.

Aber nichts spielte sich wieder ein. Im Gegenteil!

Sabine hatte schon lange nicht mehr von sich aus die Initiative ergriffen. Wenn Heiko mit ihr schlafen wollte, kam er sich deshalb immer öfter wie ein Bettler vor. Es blieb ihm auch nicht verborgen, dass seine Frau oft nur aus Pflichtbewusstsein mit ihm schlief. Das verletzte ihn noch tiefer als die ständigen Müdigkeits- und Kopfschmerzausreden.

Sein Selbstbewusstsein bekam deutliche Risse. Was machte er nur falsch? Liebte ihn Sabine nicht mehr? Fand sie ihn unattraktiv oder unerotisch?

Hatte sie womöglich einen anderen?

Wenn er sie danach fragte, dann versicherte Sabine jedes Mal, ihn über alles zu lieben. Ihre Gefühle wären noch genau dieselben wie am ersten Tag. Heiko fiel es immer schwerer, ihr dies zu glauben, manchmal wurde er sogar wütend. Wenn sie ihn tatsächlich so sehr liebte, dann würde sie doch auch gerne mit ihm schlafen. So wie am Anfang …

Was war nur passiert, was hatte er falsch gemacht?

Die Antwort: nichts!

Die Lust schläft ein

Es war nichts passiert, das dieses Einschlafen der sexuellen Lust hätte erklären oder begründen können. Es gab keine anderen Partner, kein frustrierendes Eheleben, keine zermürbenden Streitereien, keine Ungerechtigkeiten, keinen Betrug, keine Lügen und keinerlei Gewalt.

An genau dieser offensichtlichen *Grundlosigkeit* verzweifeln viele Frauen und Männer. Sie finden sich nicht damit ab, beginnen zunächst, Gründe zu suchen, und benennen irgendwann Schuldige. Sie streiten, machen sich Vorwürfe, manche Paare arrangieren sich irgendwie – aber in vielen Fällen steht am Ende die pure Resignation …

Ich habe viele Jahre damit zugebracht, in fremde Betten zu schauen. Nicht wirklich natürlich, aber ich habe zugehört und nachgehakt. Die hohe Scheidungsrate heutzutage spricht Bände. Durch sie lässt sich eine deutliche Prognose stellen, wie hoch die Chancen tatsächlich stehen, das ganze Leben lang mit ein und demselben Partner zu verbringen. Beschäftigt man sich näher mit Trennungen und Scheidungen, so wird man in den meisten Fällen auf Gründe wie „Zerrüttung", „Sich-auseinander-gelebt-Haben" oder „Fremdgehen" stoßen. Bohrt man dann tiefer, ist die Anzahl derer erschreckend groß, die als Auslöser der Zerrüttung, des Auseinanderlebens oder des Fremdgehens die unerfüllte eheliche Sexualität nennen. Doch genau dieses Problem wird von den meisten Paaren erfolgreich totgeschwiegen.

Die Antwort auf die Frage nach dem Grund der Tabuisierung ist recht schnell gegeben: Niemand stellt sich gerne selbst ein Armutszeugnis aus. Welcher Mann würde wohl am Stammtisch damit prahlen, dass seine Frau nicht mehr mit ihm schläft. Und welche Frau würde, außer ihrer besten Freundin vielleicht, gestehen, dass sie keine Lust mehr auf ihren Partner hat? Wir sind nun mal eine Gesellschaft von Perfektionisten. Das Familienleben sollte exakt wie in einer amerikanischen Serie aussehen. Glücklich, harmonisch, die Kinder ordentlich und gut in der Schule, Haushalt und Wäsche stets klinisch rein, die Karriere ganz nebenbei in trockenen Tüchern und: im Ehebett jede Nacht die große Leidenschaft.

Woher nehmen wir diese Ansprüche, warum setzen wir uns derart unter Druck, sind bereit zu lügen und vieles schönzureden? Die Antwort auf diese und viele andere Fragen findet sich tatsächlich in der menschlichen Entwicklungsgeschichte. Kurz vorweggenommen: Wir sind „einfach so gebaut". Genauer gesagt, wir sind sogar genetisch dazu verdonnert.

Tatsächlich haben sich im Vergleich zu den Urmenschen aus der Steinzeit nur unsere äußeren Lebensbedingungen verändert, in unserem Inneren herrschen immer noch die alten Entwicklungsmechanismen. Tief in jedem Neuzeitmenschen befindet sich ein Jäger bzw. eine Sammlerin. Auch wenn wir heute Auto fahren, Atomkraftwerke bauen, mit Handys telefonieren und fernsehen, die eingepflanzten Programme gehen davon aus, dass wir immer noch durch Steppen laufen, Wild jagen, Aas fressen, auf Bäume flüchten – kurzum –, dass wir tagtäglich um unser Überleben kämpfen müssen.

Damit er überleben kann, hat die Natur den menschlichen Körper mit vielen Vorsichtsmechanismen ausgestattet. Sie ist erpicht darauf, uns möglichst lange am Leben zu erhalten, denn nur so können wir uns effektiv fortpflanzen, also schlicht und ergreifend den Bestand unserer Art sichern. Diese Vorsichtsmechanismen unterliegen allerdings keinesfalls dem Verstand, sie werden von unserem Bewusstsein gar nicht wahrgenommen, obwohl wir sie jeden Tag spüren. Sie werden vielmehr vom Unterbewusstsein gesteuert, wurden im Laufe der Jahrtausende optimiert und haben somit einen elementaren Beitrag geleistet, unsere Existenz auf diesem Planeten zu sichern.

Dass diese Sicherungsfunktionen bis heute erhalten sind, ist nicht nur ungemein interessant, sondern für das „Migräne-Problem" elementar wichtig. Aus diesem Grund werden sie im Laufe dieses Buches auf einfache Weise näher beschrieben. So werden unsere Verhaltensweisen verständlicher und vor allem logischer. Auf detaillierte Ausführungen zu wissenschaftlichen Untersuchungen wird dabei in Hinblick auf gute Lesbarkeit bewusst verzichtet.

Es gibt inzwischen einige gute Bücher über den evolutionären Einfluss auf unser heutiges Alltagsleben. Der Bestseller *„Warum Männer nicht zuhören und Frauen schlecht einparken"* vom Autorenpaar *Allan* und *Barbara Pease* ist eines davon und es lohnt sich in jedem Fall, ihn zu lesen. Die Autoren haben sich mit den Verhaltensweisen von Paaren beschäftigt, die sich aus den unterschiedlich entwickelten, genetischen bedingten Gehirnstrukturen des einstigen Jägers und seines sammelnden Weibchens ergeben. Wenn Sie dieses Buch lesen, erkennen Sie überdeutlich (und wahrscheinlich schmunzelnd) die Ursprünge der vielen kleinen Missverständnisse in Ehen und Beziehungen.

Wie das Autorenpaar springe auch ich immer wieder zwischen Urzeit und Gegenwart hin und her, um die evolutionären Wurzeln bestimmter Verhaltensweisen, die sich oft rational nicht erklären lassen, verständlicher zu machen. Damit Sie, liebe(r) Leser(in), wirklich *begreifen*, welches die Faktoren sind, die für die weibliche Unlust maßgeblich verantwortlich sind, müssen Sie das große Ganze betrachten – und begreifen. Nur dann können Sie in Ihrer Beziehung etwas zum Positiven verändern.

Spurensuche

Wie schon erwähnt, begann ich meine Befragungen zunächst im Bekanntenkreis. Bei jedem noch so allgemeinen Frauengespräch spitzte ich die Ohren und lauschte nach einem Hinweis, der in „meine" Richtung gehen könnte. Kam er dann, lenkte ich das Gespräch auf „mein" Thema und war in der ersten Zeit noch sehr überrascht, wie schnell die Frauen anfingen in aller Ausführlichkeit zu erzählen. Es war kaum zu fassen. Überall – und wirklich in jeder Beziehung in meiner Umgebung – dasselbe Phänomen. Allerdings wurde das brisante „Migräne-Thema" meist ins Lächerliche gezogen.

Hier einige der sich inhaltlich oft wiederholenden Aussagen der Frauen – vielleicht erkennen Sie sich, liebe Leserin, ja wieder:

„Am Anfang war es toll, dass mein Mann nicht genug von mir bekommen konnte. Ich empfand es sogar als Kompliment. Aber mit der Zeit wurde es nur noch lästig."

„Mein Mann lässt mich keine Nacht in Ruhe, geht mir mit seinem Dauerständer auf den Geist!"

„So viele Zyklen wie ich hat normalerweise keine Frau! Oder die ständigen Kopfschmerzen, nur damit ich ein paar Nächte meine Ruhe habe."

„Seid ihr auch froh, wenn am Sonntagmorgen die Kinder ins Bett kommen, genau im richtigen Moment – wenn seine Hand gerade an meinem Busen grabscht?"

„Ja, oder wenn er abends auf dem Sofa einschläft und ich ihn dann liegen lasse, damit ich in Ruhe einschlafen kann."

„Je mehr er möchte, desto weniger Lust habe ich. Ich kann es mir ja auch nicht erklären, aber mir ist es am liebsten, er lässt mich in Ruhe!"

Bei diesen Damenrunden hörte ich nicht nur erstaunt zu, ich wurde auch immer stiller. Ich verstand die Mädels nur zu gut, gleichzeitig aber erschreckte mich die Tatsache, dass sich offensichtlich keine von ihnen wirklich Gedanken über das *Warum* zu machen schien. Erinnerte sich denn keine an die wunderschöne Zeit des Kennenlernens? Als die Hände ihrer Männer unter der Bettdecke keine Panik, sondern wohlige und lustvolle Gefühle auslösten. Als jede Menge Schmetterlinge im Bauch den Beginn eines leidenschaftlichen Sonntagvormittags einläuteten. Hatten sie denn schon vergessen, wie schön und aufregend Sex sein konnte, wenn die ersten Sonnenstrahlen zwischen den heruntergezogenen Rollos hindurchblitzten?

Nach und nach vertiefte ich meine Recherchen. Noch konnte und wollte ich nicht wirklich daran glauben, dass dieses Phänomen in so gut wie jeder Ehe und Beziehung bestehen sollte, auch wenn ich in meinem nahen Umfeld schon eines Besseren belehrt wurde.

In meinem Beruf als Fitnesstrainerin treffe ich täglich mit vielen unterschiedlichen Menschen zusammen. Durch den sehr persönlichen Kontakt entwickelten sich oft lockere, zum Teil auch festere Freundschaften. Viele Jahre habe ich auch hier Informationen gesammelt, habe mich umgehört und nachgehakt. Ich habe mir vermeintliche Gründe von Ehe- und Beziehungskrisen angehört, Trennungen beobachtet und viel, viel Zeit in Bibliotheken verbracht. Ich war sogar in einem Bordell unterwegs, um mit den Prostituierten über ihre Kunden zu sprechen.

Zwar ist die eigene Sexualität in der Regel ein absolutes Tabuthema, aber wenn elementare Probleme auf die Seele drücken, sind viele Betroffene sehr froh, sich endlich jemandem anvertrauen zu können. Jemandem, der sie versteht und ihnen vor allem die Gewissheit gibt, mit dem Dilemma nicht alleine auf der Welt zu sein.

Es war schon makaber zu sehen, auf wie ähnliche Weise Beziehungskrisen entstanden, wie sehr sich die Leidensgeschichten glichen und wie vergleichbar sie ihren Lauf nahmen. Völlig egal, woran eine Partnerschaft schlussendlich zugrunde ging, angefangen hatte das Scheitern meist mit demselben Problem: Die Erotik war gestorben – und in den allermeisten Fällen starb sie bei der Frau.

Nicht selten trennten sich Paare, weil sich der Mann den fehlenden Sex woanders holte. Aber auch die Frauen hatten viel öfter einen „Lover" oder gar mehrere Seitensprünge, als ich jemals vermutet hätte – sie ließen sich nur seltener dabei erwischen. Andere träumten lediglich von leidenschaftlichen Nächten mit anderen Männern, ohne dies jemals in die Tat umzusetzen.

Viele der Geschichten glichen sich tatsächlich wie eineiige Zwillinge, manchmal wurde passagenweise sogar in genau demselben Wortlaut erzählt. Je mehr ich darüber nachdachte, desto intensiver formte sich in meinem Kopf die Vision einer ansteckenden Krankheit mit derselben Inkubationszeit, den gleichen ersten Symptomen, einem identischen „Ausbrechen des Leidens" und seinem verheerenden „partnerschaftskillenden" Verlauf.

Schließlich kam ich zu der glasklaren Einsicht: **Es _musste_ eine gemeinsame Ursache geben und die lag weder in einer körperlichen noch in einer psychischen Krankheit.**

Vermeintliche Ursachen und Erklärungsversuche

Wenn ich mit Frauen sprach, so waren viele davon überzeugt, die Gründe für ihre sexuelle Unlust zu kennen. Über die Jahre hatten die meisten die Erklärung für sich gefunden. Aus den unterschiedlichen Äußerungen habe ich die folgende Hitliste erstellt und jeweils kritisch kommentiert.

Hitliste der Frauen:

Auf Platz 1: *Ich bin nicht normal, ich bin frigide!*

Am Anfang der Beziehung, als jede Gelegenheit wahrgenommen wurde, um in die Kiste zu hüpfen, war Frigidität kein Thema.

Platz 2: *Ich bin zu dick, zu dünn, verklemmt, schäme mich für meinen Körper.*

Der war doch auch am Anfang der Beziehung nicht perfekt, aber die Leidenschaft stülpte sich in der Honeymoon-Phase problemlos über den Minderwertigkeitskomplex, oder?

Platz 3: *Ich wurde als Kind sexuell missbraucht, als Teenager vergewaltig, mein Vater hat mich ständig betatscht ...*

Solche biografischen Aspekte sind leider viel weiter verbreitet, als es allgemein bekannt ist, und ich möchte diese Problematik auch keinesfalls herunterspielen. Nahezu jede zweite Frau kann von einem vergleichbaren Erlebnis in ihrer Kindheit oder Jugend berichten. Meist war es der sexuelle Übergriff des Vaters, des Bruders oder eines anderen nahen Verwandten bzw. Bekannten. Es ist erschreckend, was in unserer Gesellschaft alles totgeschwiegen wird. Frauen, die so etwas erlebt haben, sehen darin später oft die Ursache für ihre sexuelle „Störung". Trotz allem habe ich nicht eine Frau gesprochen, bei der dieses Thema die ganze Beziehung durchgängig bestimmte. Warum also spielten die schrecklichen persönlichen Erlebnisse am Anfang der Beziehung keine Rolle?

Platz 4: *Mein Partner hat sich im Laufe der Zeit verändert. Im Bett passt es einfach nicht mehr. Langeweile ist eingekehrt und die vielen Auseinandersetzungen haben die Lust getötet.*

Hat er sich wirklich verändert oder waren seine negativen Eigenschaften nicht schon immer da, wurden aber in der anfänglichen Leidenschaft gerne übersehen? Seit wann ist es langweilig im Bett – nicht etwa erst, seit die eigene Lust verschwunden ist?

Platz 5: *Die Kinder, die Doppelbelastung von Haushalt und Karriere, sind schuld. Der ganze Stress und die Dauermüdigkeit haben meine Lust auf Sex getötet.*

Wenn sich doppelt- und dreifachbelastete Frauen von ihren Männern trennten und sich dann wieder neu verliebten, minderte der Alltagsstress keinesfalls die frische Leidenschaft. Also, warum spielte der Stress am Anfang der Beziehung überhaupt keine Rolle?

Tatsächlich spielte keines der vorgenannten Argumente in der berauschenden Zeit des Kennenlernens eine Rolle. Was auch immer im Leben der Frauen passiert war, was auch immer sie erlebt hatten – als sie frisch verliebt waren, konnten sie allesamt von Sex nicht genug bekommen!

Kürzer als die weibliche Ursachen-Hitliste ist die der Männer. Das liegt vor allem daran, dass Frauen von Natur aus die Schuld erst einmal grundsätzlich bei sich selbst suchen und meist (leider) auch finden.

Hitliste der Männer:

Platz 1: *Mein Schwanz ist zu klein.*

Ist er denn kleiner als zu Beginn der Beziehung?

Platz 2: *Sie hat wahrscheinlich einen anderen.*

Wenn sie sich „entliebt" und einen anderen hätte, wäre sie dann nicht schon längst über alle Berge?

Platz 3: *Meine Frau ist nicht normal – sie ist frigide! Bei allen anderen Paaren klappt die Sache mit der Sexualität doch auch!*

Wir kommt es, dass sie am Anfang offensichtlich „normal" war?

Auch wenn es noch so wichtig ist, Gründe und Erklärungen zu finden, jedes der oben genannten Argumente lässt sich widerlegen. Fakt ist aber, dass bei allen Interviewten die Sexualität im Laufe der Beziehung einschlief und dass die Passivität von der Frau ausging.

Das Phänomen, dass es sich offensichtlich immer um denselben Zeitraum handelt, in dem die Lust stirbt, ließ mich aufhorchen. In den allermeisten Fällen war nach spätestens zwei Jahren Schluss mit der weiblichen Erotik. Kam schon vorher ein Baby zur Welt, dann verkürzte sich diese Zeitspanne nicht selten.

Je stabiler die Ehe oder Partnerschaft war, je besser sich die Paare in Alltagsdingen verstanden und ergänzten, desto besser konnten sie mit dieser Situation umgehen. Ich habe Paare erlebt, die das Problem ganz offen thematisierten. Das lag oft am unermüdlichen Versuch der Frau, dem Mann glaubhaft zu versichern, dass ihre fehlende Leidenschaft nichts mit ihm, seinem Können im Bett, der Länge seines Geschlechtsteils, dem dicken „Bier-Bauch" oder der beginnenden Glatze zu tun hatte. Irgendwann allerdings rutschte auch in diesen Fällen das Selbstwertgefühl beider Partner unweigerlich in den Keller. Über die berühmte Migräne werden zwar unzählige Männerwitze gerissen, sie übertünchen aber nur den Frust und die Enttäuschung über eine schmerzhafte Zurückweisung.

Und immer derselbe Zeitraum …

Diese zwei Jahre waren der Schlüssel. Da es sich in den meisten Fällen um genau den gleichen Zeitraum handelte, lag die Annahme einer gemeinsamen Ursache mehr als auf der Hand. Alle gesuchten und gefundenen „Erklärungen" der Betroffenen wurden mit diesem gemeinsamen Zeitraum hinfällig. Die zwei Jahre konnten kein Zufall sein, konnten nicht aus den frühkindlichen oder allgemeinen sexuellen Erfahrungen resultieren. Immer der gleiche Zeitraum, immer dieselben Gedanken, immer dieselben Auswirkungen: Unzufriedenheit, Versagensängste, ein chronisch schlechtes Gewissen, Wut, Frust und schließlich Resignation oder Trennung. Es musste ein biologisches Problem sein, aber dennoch keine Krankheit. Es konnte nur mit der menschlichen Entwicklungsgeschichte und einer natürlichen Strategie zusammenhängen.

Seitdem ich als Fünfjährige meinen Onkel fragte, warum ein Mensch bei Kälte zittert, und er sich viel Zeit für eine ausführliche Erklärung nahm, fasziniert und fesselt mich der menschliche Organismus und seine Evolution. Ich glaube, schon damals wurde mir bewusst, dass sich jemand bei der Konstruktion und Entwicklung unserer Spezies etwas gedacht haben musste. Herauszufinden, was „er" oder „sie" sich warum dabei gedacht hat, wurde fortan zu meiner großen Leidenschaft. Die Tatsache, dass der Körper stets eine Temperatur von 37 Grad erhalten *muss*, um zu überleben, gilt für alle Menschen, ganz egal wo und wie sie leben. Jeder von uns zittert bei Unterkühlung nur deshalb, weil der Organismus auf diese Weise Wärme erzeugt. Gelingt ihm das nicht, weil wir unglücklicherweise in einer Gletscherspalte liegen, stellt ein Schutzmechanismus nach und nach die Durchblutung der „nicht lebenswichtigen" Körperteile ein, um die überlebenswichtigen Organe weiterhin mit warmem Blut zu versorgen. Dies ist einer der vielen Überlebensmechanismen, über die *jeder* Mensch verfügt und die sich durch nichts beeinflussen lassen. Dem Bergsteiger in der Gletscherspalte sterben zunächst die Extremitäten ab. Seine Zehen erfrören selbst dann, wenn sich in seinen Schuhen eine Heizung befände!

Die Tatsache, dass der Mensch nichts anderes ist als ein hochentwickeltes Säugetier, faszinierte mich ganz besonders. Von der Natur perfekt ausgerüstet mit überlebenswichtigen Instinkten, Trieben und Schutzmechanismen. Im Grunde von Tieren nur unterschieden durch das hochentwickelte Gehirn und die daraus resultierenden Vorteile.

Der Mensch – ein Herdentier

Besonders bevorteilt gegenüber anderen Spezies ist der Mensch durch seine Intelligenz. Sie ermöglichte es, dass er sich im Laufe der Jahrtausende immer unabhängiger von der Natur machen konnte. Nur dank Fortschritt und zahlreichen Erfindungen kann der *Homo sapiens sapiens* (der weise Mensch) heute auch in unwirklichen oder gar lebensfeindlichen Regionen leben. Es gelang ihm, sich fast auf dem gesamten Erdball auszubreiten und erfolgreich fortzupflanzen. Die Urinstinkte und Schutzmechanismen, die ihm dabei über viele Hunderttausende Jahre halfen, sind bis heute genauso erhalten wie der Aufbau des Kniegelenks, das sich in den letzten 150 000 Jahren auch kein bisschen verändert hat.

Dass der Mensch Gemeinschaften bildet und Familien gründet, ist kein Zufall, sondern bedingt durch unsere vielfältigen, evolutionären Programmierungen. Der Mensch ist von Haus aus kein Einzelgänger. Er lebt seit Anbeginn in Sippen und Verbänden, denn nur das „Rudeldenken" sicherte den Überlebenserfolg. Anders als in der heutigen industrialisierten Welt, in der wir auch problemlos alleine bestehen können, war zu Jäger- und Sammlerzeiten – und weit darüber hinaus – die Gemeinschaft die einzige Überlebensgarantie. Der Jagderfolg, das Verteidigen und Hinzugewinnen von Territorien, das Bauen von Unterkünften und das In-die-Flucht-Schlagen von Feinden hingen von einer gemeinschaftlichen Strategie ab. Es galt das Motto: einer für alle – alle für einen.

Um in der Gemeinschaft unserer Vorfahren dauerhaft bestehen zu können, war es elementar, dass jeder Einzelne Produktivität bewies und stets seinen Beitrag zum Fortbestand der Sippe beisteuerte. Unnütze Esser wurden nicht lange geduldet und mitversorgt, sondern sehr schnell aussortiert und verstoßen. Dies bedeutete für die Betroffenen den sicheren Tod.

Die Schwachen und Unproduktiven auszusortieren mag in unseren Augen grausam erscheinen, aber es hatte damals nichts mit egoistischer Boshaftigkeit zu tun, im Gegenteil! Die drastische Maßnahme war vielmehr eine rein *instinktive*, also ganz *natürliche* Überlebensstrategie inmitten eines von eher kargem Nahrungsangebot dominierten Lebensumfeldes.

Noch heute ist das instinktive, urzeitliche Gemeinschaftsgefühl sehr ausgeprägt, auch wenn wir diese spezielle Strategie nicht mehr primär zum Überleben benötigen. Trotzdem fühlen wir uns wie durch ein unsichtbares Gummiband von Gleichgesinnten angezogen. Weitaus intensiver ist dieses Verbundenheitsgefühl bei Gruppierungen, die „außergewöhnlich" sind und/oder sich gerne Gefahren aussetzen, seien es Extremsportler oder Motorradfahrer. Menschen werden vor allem dann zu „Geschwistern im Geiste", wenn es um gemeinsame Ziele geht. Ein sehr starkes Zusammengehörigkeitsgefühl entwickelt sich auch immer dann, wenn Menschen bedrohlichen Situationen ausgesetzt sind. Wer schon einmal eine Naturkatastrophe miterleben musste, kennt die plötzliche Vertrautheit mit wildfremden Menschen. Selbst Nachbarn, die jahrelang verfeindet waren, rücken dann eng zusammen. Grotesskerweise geschieht dies sogar bei Menschen, die zu Geiseln werden. Sie entwickeln ausgerechnet zu ihren Entführern ein tiefes Solidaritätsgefühl (man spricht hier vom *Stockholm-Syndrom*, benannt nach der spektakulären Geiselnahme in einer Bank in der gleichnamigen Stadt). Nach ihrer Befreiung können die Opfer ihr starkes *Wir*-Erlebnis nicht mehr nachvollziehen, aber dennoch wurde es in der Gefahrensituation selbst heftig empfunden. Tatsächlich verbrüdern sich oft auch die *Geiselnehmer* mit ihren Opfern. Hieran zeigt sich überdeutlich – und für unser Thema wichtig –, dass sich evolutionäre Strategien *über* den Verstand erheben und Gefühle auslösen, die ihren Ursprung einzig und allein in der Aufgabe haben, die allgemeinen Überlebenschancen zu erhöhen.

Die Verbrüderung aufgrund einer positiven Situation erleben wir jede Woche in den Sportstadien. Bei den Bundesligaspielen verbünden sich Zehntausende „Fremde", während sie „ihre" Mannschaft anfeuern. Mehrere Millionen waren es 2006 während der Fußballweltmeisterschaft in Deutschland. Auch hier konnte man das Phänomen wunderbar beobachten. Die ganze Nation fühlte sich zusammengehörig, Arm und Reich, Dick und Dünn – alle feierten und litten gemeinsam und lagen sich am Ende jubelnd in den Armen.

Ansprüche ans Überleben

Um einer Gemeinschaft angehören und von ihrem Zusammenhalt profitieren zu dürfen, muss der Einzelne (noch heute) ihren allgemeinen Ansprüchen und Interessen entsprechen. In Jäger- und Sammlerzeiten bedeutete das primär, gesund und kräftig zu sein, sich unterordnen zu können und vor allem einen Beitrag zum Erhalt der Sippe beizusteuern. Hier stand wiederum die Nahrungsbeschaffung im Vordergrund. Wurden die Anforderungen offensichtlich und auf Dauer nicht erfüllt, lief das Gruppenmitglied große Gefahr, schnell aussortiert und verstoßen, manchmal – je nach Nahrungsangebot – sogar getötet und verspeist zu werden.

Schon deshalb war es für den damaligen „Jäger" überlebenswichtig, Schwächen und Unzulänglichkeiten niemals offen zu zeigen. So vermieden unsere Vorfahren ganz instinktiv den Ausschluss aus ihrem sicheren Verband. Doch es gab auch Ausnahmen: Verletzte sich beispielsweise ein männliches Gruppenmitglied bei der Jagd oder im Kampf, mussten die Wunden sogar offen zur Schau gestellt werden. Ziel war, die Sippenmitglieder zur Pflege zu animieren. Ihre Fürsorge war dem Weidwunden jetzt sicher, denn die Verletzungen bewiesen nicht nur seinen Mut, sie unterstrichen zudem seine wertvolle Arbeitskraft. Dies wiederum verschonte ihn vor der Verbannung, schließlich war die Sippe gerade auf männliche Mitglieder angewiesen, die sich entschlossen und heroisch für die Sippe einsetzten.

Da in „antibiotikalosen" Urzeiten schon ein eingetretener Stachel den Tod bedeuten konnte, ist bei Männern bis heute die Schmerzschwelle wesentlich niedriger angelegt als bei Frauen. Nur deshalb leidet auch der „Neuzeitjäger" bereits beim kleinsten Schnupfen und ruft wehklagend nach intensiver Pflege, während sich seine Frau auch mit einer ausgewachsenen Grippe tapfer durch den Haushalt schleppt.

Heilten beim Jäger die Wunden, so bedeutete jede Narbe einen höheren sozialen Status, unterstrich sie doch buchstäblich seine Widerstandsfähigkeit, Kühnheit und Stärke. Noch heute bringen sich Naturvölker freiwillig Verletzungen bei, Narben gelten dort als äußerst attraktiv.

Das Bestreben, als nützlich, produktiv und somit angepasst zu gelten, ist folglich naturgegeben. Es ist heute noch genauso mächtig wie damals, lediglich die zugrunde liegenden Werte passen sich den jeweiligen Zeiten an. Während sich unsere Vorfahren noch *miteinander* verglichen, spielen dem heutigen Kommunikationszeitalter-Menschen die Errungenschaften der Moderne einen bitterbösen Streich. In Sachen Anpassung und Produktivität werden die Erwartungen der heutigen Sippe (Gesellschaft) nicht mehr von der unmittelbaren Umgebung bestimmt, sondern von den Medien. Die Tücken liegen hierbei im menschlichen Gehirn: Aus allen Informationen, die wir Menschen erhalten, ziehen sich die grauen Zellen einen glasklaren Durchschnittswert, der sozusagen vollautomatisch als „normal" und erstrebenswert eingestuft wird. So entstehen beispielsweise Schönheitsideale. In Versuchen mit Studenten wurde unlängst bewiesen, dass das Gehirn tatsächlich *automatisch* handelt. Teilnehmenden Probanden wurden Fotos mit unterschiedlichen Frauengesichtern vorgelegt. Sie sollten sich das für sie sympathischste heraussuchen. Was die Probanden nicht wussten: Aus allen Gesichtern hatten die Wissenschaftler vorher am Computer ein Durchschnittsgesicht zusammengebastelt und dieses Foto wurde unter die anderen, realen, gemischt. Und siehe da: Die meisten der Studenten entschieden sich für das am Computer konstruierte Ideal-Bild.

Erst wenn wir dem von unserem Gehirn (und somit von der Gesellschaft) bestimmten Durchschnitt – also der „Norm" – entsprechen, fühlen wir uns tatsächlich eingegliedert und sicher. Für unsere Vorfahren war das kein Problem. Sie verglichen ihre Fähig- und Fertigkeiten, ihr Aussehen und Können innerhalb der Sippe. Für uns Neuzeitmenschen ist es wesentlich komplizierter geworden, denn unsere Vorgaben basieren nicht nur auf der wirklichen, sondern auch zu großen Teilen auf der künstlichen Umgebung, die durch die Medien produziert wird. Das Sich-sicher-und-eingegliedert-Fühlen ist nun, in einer scheinbar perfekten Umgebung, mehr als schwierig geworden.

Damit aber nicht genug: Die Spezies Mensch hat fatalerweise den tiefen inneren (natürlichen) Drang, sich immer weiter zu entwickeln. Hierin erklärt sich der enorme Druck, stets nach Höherem zu streben, um das zu erreichen, was über dem vom Gehirn „errechneten" Durchschnitt liegt. Alles, was weit darunterliegt, weckt dagegen Versagensängste, Schuldgefühle und nicht selten, wenn wir „unterdurchschnittliche" Mitmenschen entdecken, ihnen gegenüber Aggressionen und „Selektions-Gelüste".

Sie glauben das nicht? Wenn Sie das nächste Mal im Fernsehen verfolgen, wie die Wohnung eines verwahrlosten Mietnomaden leer geräumt wird, beobachten Sie doch einmal, wie in Ihnen die Wut hochkocht, auch wenn Sie sich das rational nicht erklären können, schließlich ist es ja nicht *Ihre* Wohnung. Die Medienmacher wissen genau, welchen Effekt sie bei Ihnen erzielen, sie sind über die Evolutionspsychologie bestens informiert. Ganz bewusst spielen sie mit den uralten Selektionsmechanismen, um Sie, den Zuschauer, am Ball bzw. im Programm zu halten. Auch Reportagen, die über Mitmenschen berichten, die Sozialhilfe kassieren und nebenher heimlich schwarzarbeiten, wecken alte, ausgesprochen heftige Selektionsinstinkte. Wer von uns braven Steuerzahlern würde diese unproduktiven Schmarotzer nicht am liebsten mit einem gezielten Tritt aus der Gesellschaft verbannen?

Die Anforderungen unserer heutigen, leider medial geprägten Gemeinschaft verlangen nicht nur ein exzellentes (für das Gehirn scheinbar normales) Aussehen, sondern auch nach wie vor absolute Produktivität. Diese findet ihre Entsprechung heutzutage im Innehaben eines Arbeitsplatzes. Wie schmerzlich das Gefühl des Ausgestoßenwerdens ist, erkennt jeder spätestens dann, wenn sein Arbeitsplatz verloren geht. Auch wenn man an der Misere keine Schuld trägt, wird dennoch das Selbstwertgefühl stark in Mitleidenschaft gezogen. Die Betroffenen fühlen sich nicht mehr dazugehörig, minderwertig und an den Rand der Gesellschaft oder gar aus ihr herausgedrängt.

Dass das (instinktive) Ausstoßen derer, die offensichtlich nicht der „Norm" entsprechen, tief in unseren Genen steckt und keinesfalls erlernt ist, lässt sich auf jedem Schulhof wunderbar beobachten. Die (augenscheinlich) schwächeren Mitschüler sind dort seit Generationen Hänseleien ausgesetzt. Sie werden gemobbt, ausgeschlossen und (leider) nicht selten verprügelt. Dabei sind – und waren – Dicke neben Brillenträgern die bevorzugten Opfer, und dies evolutionspsychologisch betrachtet nicht ohne Grund: Die Brille ist ein offensichtliches Zeichen einer körperlichen Schwäche, wabbelnde Speckrollen weisen auf wenig Sportlichkeit und somit geringe Produktivität hin, beides sind Auslöser für Aggressionen bei den mobbenden Kids. Fragt man nun einen vorlauten Drittklässler, warum er seinen Mitschüler denn als Brillenschlange oder Fettkloß beschimpft, dann wird er es nicht wirklich erklären können. Das Unterdrücken von Schwachen steckt schlicht und ergreifend in seinen Genen, die aggressiven Gefühle werden unbewusst und ungelenkt direkt von seinen Instinkten produziert.

Je älter wir werden, desto mehr greifen die moralischen Werte aus Gesellschaft und Erziehung, die unter anderem offene Aggressivität (weitgehend) verurteilen.

Während wir heute auf die Mattscheibe starren, orientierte sich der Urmensch wie erwähnt an seiner realen Umgebung. Da ihm nichts anderes zur Verfügung stand, richtete er sich nach dem, was er tagtäglich sehen konnte. Seine Messlatte lag nicht sehr hoch und der erstrebenswerte „Durchschnittswert" befand sich durchaus im Rahmen des Erreichbaren. Der moderne Mensch allerdings schaut täglich fern, geht ins Kino, kauft aus Katalogen, blickt auf Plakatwände, surft im Internet, liest Zeitungen und Romane und blättert in Illustrierten. Leider „sehen" wir hier in erster Linie schöne, perfekte Menschen. In den Serien und Filmen, die wir konsumieren, präsentieren sich tadellose Familien, steile Karrieren und eben auch die immer währende Leidenschaft. Die Medien – und nicht mehr die direkte Umgebung – bestimmen nun letztendlich, wie wir auszusehen haben, wie dünn wir sein müssen, wie wir leben sollen, wie wir unsere Kinder erziehen – **und wie viel Sex pro Woche „normal" und wünschenswert ist.**

Gerne würden wir allen vorgegebenen Idealen entsprechen, um uns in der Gemeinschaft integriert, akzeptiert, geachtet und somit sicher zu fühlen. Dies ist ein völlig natürliches, uraltes und instinktives Verhalten, aber die Realität sieht in den meisten Fällen völlig anders aus. Unsere mediale Messlatte produziert jede Menge Versagensängste – und nicht selten schwere Depressionen.

Laut Aussage der Medien haben alle „normalen" (also der Norm entsprechenden) Paare mindestens zweimal pro Woche Sex, und das bis ins hohe Rentenalter, und das „glaubt" nun auch unser Gehirn. Die Wirklichkeit entspricht aber viel eher dem Sexualleben von Heiko und Sabine. Nur geredet wird darüber nicht, denn sich als schwach und deshalb nicht dazugehörig zu empfinden, weckt noch immer heftige (Ur-)Ängste. Der Druck, das zu erreichen, was über dem vom Gehirn errechneten Durchschnitt liegt, kann ebenso krank machen wie die ständige Angst, weit darunterzuliegen. Um zumindest dem perfekten Aussehen zu entsprechen, treibt es deshalb viele Menschen, Frauen, Männer und auch Kinder in Fitnessstudios, in krankmachende Diäten, in die Magersucht und zum Schönheitschirurgen.

Vom Rudelführer zum Firmenchef

Jede auf Dauer gegründete Gemeinschaft braucht und sucht sich instinktiv „Oberhäupter". Auch das war schon in der Steinzeit so und zieht sich bis heute durch alle Lebensformen, die Verbände bilden. So wie es in allen Säugetierherden Rudelführer gibt, haben Vereine Vorstände, Staaten einen Präsidenten, Firmen haben Chefs, Mannschaftssportler einen Spielführer, die Katholiken den Papst und Cliquen dominante „Köpfe".

Auch das Akzeptieren eines „Höhergestellten" liegt in unseren Genen, genauso aber auch das Rebellieren gegen diese Führungsperson – vor allem *wenn sie Schwächen zeigt.* Vielleicht erkennen Sie sich jetzt wieder, denn nichts löst in einer Firma mehr Aggressionen bei Mitarbeitern aus, als wenn der Vorgesetzte andauernd Fehler macht, also Schwächen (Unvermögen) zeigt. Sein Stuhl wird ganz sicher von allen Seiten angesägt, sein Status zutiefst in Frage gestellt.

Schon in den urzeitlichen Sippen und Verbänden musste der Leitmensch ganz besondere Fähigkeiten besitzen, die ihn auszeichneten und als Führer qualifizierten. Vielleicht war er ein guter und listiger Jäger, ein ausdauernder Läufer oder ein erfahrener und geschickter Spurensucher. Auf jeden Fall war er ein Vorbild, der seiner Sippe sehr viel Nutzen brachte und der wenig bis keine (offensichtlichen) Schwächen hatte. Wahrscheinlich erzählten seine Narben von siegreichen Kämpfen und erfolgreichen Beutezügen.

Das Auswählen eines Rädelsführers innerhalb einer Gemeinschaft ist ein genauso instinktives Verhalten wie das tiefe Bestreben, ein solcher zu werden und diese gehobene Position auch leidenschaftlich zu verteidigen. In der heutigen Zeit nennen wir das Karrieremachen. Nun können Sie sich fragen, warum es vielen Menschen, vor allem Männern, so wichtig ist, einen sozialen Status zu erreichen und die Leiter immer noch höher zu klettern. Man(n) könnte es sich ja schließlich auch im Rudel bequem machen, keine Führungsposition innezuhaben bedeutet immerhin weniger Verantwortung und somit weniger Stress. Aber wie für alle Säugetiergruppen gilt auch für alle Menschen-Männer seit der Urzeit folgende in Stein gemeißelte Regel: **Nur starke Männchen (Rudelführer) sind berechtigt, Nachwuchs zu zeugen.**

Das mächtige Verlangen – nennen wir es Karrieretrieb –, erfolgreich zu sein und als Vorbild Anerkennung zu erlangen, findet seinen Ursprung tatsächlich in einem einzigen Grund: dem Recht auf Fortpflanzung!

Das Recht des Stärkeren

Mit dieser Regelung hat sich die Natur wieder eine ganz clevere und erfolgreiche Strategie ausgedacht. Die Chancen, eine Spezies erfolgreich fortzupflanzen, somit zu erhalten und ihre Gene von Generation zu Generation fitter zu machen, steigen nämlich, wenn sich vor allem die *stärksten und widerstandsfähigsten einer Art* vermehren.

Ein Mann kann sich im Laufe seines Lebens praktisch unendlich oft „vermehren", wenn er denn genug Partnerinnen findet. Eine Frau dagegen gebiert in ihren fruchtbaren Jahren höchstens 20 Kinder. Eine Schwangerschaft dauert schließlich neun Monate, die Stillzeit, in der Frauen unfruchtbar bleiben, betrug in Urzeiten bis zu zwei (!) Jahre. Erst wenn die Kinder von anderen Mitgliedern der Sippe mitversorgt werden konnten, wurde die Urfrau erneut schwanger. Sie war also geradezu gezwungen, sich den Vater ihrer wenigen Kinder sehr genau auszusuchen. Ist er stark und kräftig? Kann er sie und die Kinder ernähren? Ist er gesund – und vor allem – besitzt er gute Erbanlagen?

Natürlich hatte die Urfrau keinen medizinischen Berater an ihrer Seite, auch gab es keine Broschüren oder andere Informationsquellen, die ihr bei der Auswahl des perfekten Mannes behilflich waren. Ob der zukünftige Vater ihren Anforderungen entsprach, *wusste sie ganz instinktiv.*

Ausschlaggebend für ihre Fortpflanzungslust waren zunächst seine körperlichen Merkmale. Erst wenn diese auf einen guten Vater und Ernährer hindeuteten, wurde *er* für *sie* interessant. Die wichtigsten Kriterien waren ein V-förmiger Oberkörper, also eine kräftige Brust-, Rücken und Armmuskulatur (die von Stärke, einem guten Jagd- und Kriegsgeschick zeugte), sehnige Beine (die wiesen auf einen ausdauernden und schnellen Läufer hin) und – bitte – ein vollständiges Gebiss (das sprach von ausgezeichneter Gesundheit).

Sein kräftiger Po und die starken Lenden brannten das Bild eines guten Liebhabers in ihr Unterbewusstsein, und alle Signale zusammen schütteten nun einen berauschenden Hormoncocktail aus, den wir heute Verliebtheit nennen.

Aber auch der Jäger hatte seine Favoritin. Ihre körperlichen Signale, die *ihn* zur Fortpflanzung stimulierten, waren ein runder Po, der für gute Ernährung und somit Fettreserven für den Nachwuchs stand. Ihre schmale Taille, die im Verhältnis breitere Hüften (die sogenannte Sanduhrform) und vor allem ein flacher Bauch bewiesen unserem Urmann schlicht und ergreifend, dass seine Favoritin nicht schwanger – also fruchtbar – und somit fähig war, seine Gene zu reproduzieren.

Auch wenn er nicht ganz so wählerisch sein musste, ihre gesunden Zähne waren ein wichtiges Kriterium für seine Fortpflanzungsentscheidung.

Warum große Brüste des Jägers Hormone in Wallung brachten (und noch immer bringen), darüber sind sich die Evolutionswissenschaftler inzwischen endlich einig geworden. Lange hatten sie vermutet, die Busengröße habe etwas mit der Milchmenge zu tun. Da große Brüste aber nicht unbedingt mehr Milch produzieren und beim Stillen sogar eher hinderlich sind, kamen sie schließlich von der These des „Ernährungs-Vorteils" ab. Die Tatsache, dass das „menschliche Weibchen" im Verhältnis zu ihrem Körper die größten Brüste im Tierreich hat, ließen sie stattdessen zu dem Schluss kommen, dass der Busen nur deshalb größer wurde, weil sich die Spezies Mensch irgendwann auf zwei Beine erhob.

Als wir noch auf allen Vieren gingen, fand der Paarungsakt primär von hinten statt. Der Po lag also immer im Sichtfeld des Mannes und war ein wichtiger Sexualhormon-Stimulator. Erst mit dem aufrechten Gang schauten sich die Menschenpaare beim Fortpflanzungsakt ins Gesicht. Ganz offensichtlich hat die Natur den Busen also nur deshalb vergrößert, um dem Mann beim Sexualakt einen Hintern zu „simulieren", der seine Hormone so richtig in Wallung bringt.

Noch heute kann *man*(n) auf Fotos, die ausschnittsweise (nämlich nur die Kerbe) einen Frauenpo zeigen, nicht unterscheiden, was hier tatsächlich fotografiert ist – Po oder Busen?

Wie dem auch sei, all diese erotischen Signale haben sich bis in die Neuzeit gerettet. Auch beim Großstadtjäger und der Neuzeitsammlerin kommen die Hormone erst in Wallung, wenn ein potentieller Partner möglichst viele der uralten Kriterien erfüllt. Auch wenn sich die Schönheitsideale im Laufe der Jahrtausende immer wieder verändert haben, so gelten noch heute die aus Urzeiten stammenden, im Gehirn implementierten Richtlinien. Die weibliche Sanduhrform, schmale Taille und breitere Hüften, schmeicheln Männeraugen heute wie früher. Solange das Verhältnis der Proportionen stimmt, fühlt er sich – ob er will oder nicht – sexuell stimuliert. Die meisten Männer geben hinter vorgehaltener Hand sogar zu, dass sie magere Frauen unerotisch finden. Sie stehen nach wie vor auf pralle Brüste – und nur aus diesem Grund lässt sich die Frau von heute Silikon implantieren. Spätestens seit Jennifer Lopez und Shakira ist der propere Hintern auch offiziell wieder in Mode gekommen. Hand aufs Herz, liebe Männer, ihr mochtet ihn doch schon immer. Am beliebtesten ist der sogenannte Entenpopo, der durch ein Hohlkreuz noch hervorgehoben wird. Das erklärt nun wiederum die Vorliebe der Frau für Stöckelschuhe. Das Gehen in High Heels ist durch die unnatürliche Haltung der Füße gar nicht ohne Hohlkreuz möglich – und genau das betont den Hintern und die Brüste.

Blondinen sind und bleiben nur deshalb bevorzugt, weil die hellen Haare von einem hohen Östrogenspiegel herrühren, und der wiederum verspricht den Männern große Fruchtbarkeit.

Nach wie vor ist das Verlieben also eine ganz instinktive Angelegenheit, bei der das bewusste Denken von der Natur absichtlich abgeschaltet wird. Wir Menschen reagieren lediglich auf Signale, die der Fortpflanzung dienen, und wir werden erotisch abgeschreckt, wenn mehrere dieser Merkmale fehlen.

Sie werden zugeben, dass auch auf Sie fehlende oder faule Zähne unerotisch wirken – egal wie Ihr Gegenüber sonst so aussieht.

Triebe und die Chemie
der Liebe

Auch wenn die Jagd heute im Supermarkt statt-findet, Reisen mit dem Auto getätigt werden und der fehlende Kampf mittels Computerspiel kom-pensiert wird, alle Triebe und Instinkte, die dem Überleben und der Fortpflanzung dienen, sind uns erhalten geblieben – und sie haben zu keiner Zeit an Macht über uns verloren. Auf dieses Thema soll in den nächsten Kapiteln noch genauer ein-gegangen werden.

Im Zeitalter der Antibabypille hat die deutsche Durch-schnittsfamilie zwar nur noch 1,4 Kinder, aber den Spaß am Sex haben die Menschen nicht verloren, auch wenn er primär gar nicht mehr der Fortpflanzung dient.

Die Natur hat von all unseren modernen Errungen-schaften keine Ahnung. Für sie laufen wir noch immer durch die Steppen, suchen nach Essbarem, jagen Mam-muts, retten uns auf Bäume, sammeln Früchte und zeu-gen jede Menge Kinder. Dabei helfen – und steuern uns die alten Triebe und Instinkte.

Triebe und Instinkte sind also evolutionäre Programmie-rungen. Es sind, wenn man so will, gespeicherte Pro-gramme auf unserer Hirn-Festplatte. Programme, die so selbstverständlich ablaufen, dass sie uns gar nicht weiter auffallen – und doch hätten wir ohne sie niemals über-lebt. Sie ruhen nach wie vor tief in uns und wurden kei-nesfalls mit Fell und Schwanz abgelegt, nur weil sich das Gehirn in der Zwischenzeit immer weiter entwickelt hat, im Gegenteil: Sie bestimmen tatsächlich jeden Zentime-ter unserer vielfältigen Gefühlswelt.

In Zeiten, als wir noch mit der Keule durch den Wald liefen, als wir noch erlegtes Wild roh aßen und täglich ums Überleben kämpften, sorgte beispielsweise der Nahrungstrieb dafür, dass wir uns etwas zu essen suchten. Ohne diesen Trieb wären wir elendig verhungert. Je weniger Nahrung zur Verfügung stand, desto höher wurde der Trieb geschaltet. Mit dem „verschärften" Nahrungstrieb (Brachialhunger) wurde im Körper gleichzeitig ein Mechanismus zum reduzierten Verbrauch und zur Einlagerung von Fetten ausgelöst, der bis heute daran schuld ist, dass es dicke Menschen gibt. Die Natur kann nichts dafür, sie handelt ausnahmslos logisch.

Alle Triebe, die wir zum Überleben benötigen, lösen heftige Emotionen aus. Hunger ist ein sehr starkes Gefühl, aber noch viel mächtiger ist das Gefühl des Verliebtseins. Hier kommen Hormone ins Spiel, die die „Betroffenen" in einen wahren Rausch versetzen. An den Schmetterlingen im Bauch sind unter anderem die Botenstoffe Dopamin, Adrenalin, Endorphin, Testosteron und jede Menge Pheromone beteiligt. Dopamin ist ein Glücksbringer, Adrenalin wirkt wie ein Aufputschmittel, Endorphine sind körpereigene Opiate, Testosteron ist bekannt als Sexual-, aber auch als Gewalthormon.

Ausgelöst wird die Ausschüttung dieses Hormon-Mix erst dann, wenn die *Natur* entscheidet, dass sich der neue Partner hervorragend zur Fortpflanzung eignet. Die damit verbundenen körperlichen Signale kennen wir alle ja nur zu gut. Der Cocktail, der sich jetzt in unserem Kreislauf befindet, bewirkt aber nicht nur einen andauernden Glücksrausch, er beeinflusst auch ganz erheblich unser klares Denken. Verliebte erleben ihre Umwelt wie unter Drogen und sehen alles meist rosarot. Musik und Gerüche erscheinen viel intensiver, Farben kräftiger und der begehrte Partner nahezu gottgleich. Die negativen Eigenschaften des jeweils anderen werden in dicke Watte gehüllt bzw. gar nicht erst registriert. Der oder die glorifizierte Geliebte beherrscht stattdessen 24 Stunden die

Gedanken, die Lust auf sexuellen Kontakt wird übermächtig. Kommt es dann zum ersten Kuss, dreht sich nicht nur die Welt viel schneller, beim Austausch der Körperflüssigkeiten entscheidet die Natur endgültig, wie perfekt der Partner wirklich ist. Durch die körperliche Nähe werden Signale über Pheromone wahrgenommen, die Aufschluss darüber geben, wie kompatibel die jeweiligen Genstrukturen sind. Je unterschiedlicher die Immunsysteme aufgebaut sind, je *begehrenswerter* wird tatsächlich die Vereinigung. Unterschiedliche Immunsysteme versprechen der Natur einen guten genetischen Mix, der dem Nachwuchs Widerstandskraft – und so einen klaren Überlebensvorteil – bietet. Nüchtern betrachtet dient die Liebe als Gefühlsrausch also lediglich der Erhaltung der Art. Romantiker werden jetzt einwerfen: „Das kann doch nicht alles gewesen sein!", – und dennoch ist es so.

So gut wie jeder von uns erinnert sich an diese berauschenden Verliebtheitsgefühle, wie großartig die ersten Wochen und Monate erlebt wurden, aber auch daran, dass der Verstand nur noch eine untergeordnete Rolle spielte. Erst beim Abklingen der Hormondusche, nach ca. sechs bis spätestens zwölf Monaten, schalten sich unsere grauen Zellen wieder ein. Nun entscheidet sich, ob aus den flatternden Schmetterlingen stabile Gefühle werden. Nach und nach rücken nun auch negative Eigenschaften des/der Auserwählten ins Sichtfeld. Überwiegen die gemeinsamen Interessen und Ziele, bleiben Paare – mehr oder weniger lange – zusammen.

In Urzeiten *musste* die Frau den Vater ihrer Kinder an sich binden. Zumindest, solange sie den gemeinsamen Nachwuchs stillte und dieser völlig von ihr abhängig war. Sie brauchte den Ernährer und Beschützer an ihrer Seite, um sich und ihrem Kind das Überleben zu gewährleisten. Und auch dieses Verbundenheitsgefühl wird von der Natur biochemisch verursacht und gefördert. Im Gehirn beider Partner ist jetzt ein Bindungshormon aktiv, das Oxytocin. Ausgeschüttet vor allem während des Geschlechtsverkehrs, sorgt dieser Botenstoff dafür, dass nun ein starkes Zusammengehörigkeitsgefühl entsteht.

Ist das Ziel erreicht und wird das „Weibchen" schwanger, sinkt beim frühen ebenso wie beim heutigen Jäger der Testosteronspiegel rapide. Auch hier verfolgt die Natur eine clevere Strategie. Der Mann soll nun

1. nicht mehr ganz so risikofreudig beim Kampf und bei der Jagd sein, also besser auf sich aufpassen (damit er die Ernährer-Rolle ausüben kann) und

2. bei seiner Familie bleiben und sich nicht auf das nächste „Weibchen" stürzen (auch dies würde die Familie gefährden).

Diese natürlichen biochemischen Hormonausschüttungen sind heute noch dieselben wie in Urzeiten. Der niedrige Testosteronspiegel lässt verliebte Männer nicht nur charakterlich weicher werden, er beschert ihnen jetzt auch zusätzliche Fetteinlagerungen am Bauch. Werdende Väter bekommen deshalb nicht selten einen „Solidaritäts-Schwangerschaftsbauch", der mit dem der werdenden Mutter mitzuwachsen scheint. Sie fahren vorsichtiger Auto, werden insgesamt ruhiger, zärtlicher und fürsorglicher. Dieses Phänomen kennt man auch im Motorsport, nur hier ist es von Nachteil für den Piloten: *ein Kinder mehr – eine Sekunde langsamer.* Werdende Mütter sind durch den erhöhten Östrogenspiegel sensibler, ängstlicher, vorsichtiger und dadurch anschmiegsamer. Beginnen die Paare, wieder seltener miteinander zu schlafen, so wird auch die Ausschüttung der Bindungshormone geringer – man entfernt sich jetzt (biochemisch) voneinander …

Auch wenn die oben beschriebenen biochemischen Tatsachen aus romantischer Sicht erst einmal ernüchternd wirken, so ist das Wissen darum elementar für eine dauerhaft funktionierende Sexualität in der Beziehung. Zugegeben, als ich mich in die Recherche für meine Bücher vertiefte, kamen mir oft Zweifel. Es blieb nicht aus, dass ich mich angesichts der natürlichen Mechanismen fragte, ob wir lediglich triebgesteuerte, funktionierende Maschinen sind, die keinen freien Willen besitzen und nur zur Fortpflanzung auf Erden wandeln. Manchmal beschäftigten mich diese Gedanken so sehr, dass ich den Computer abschaltete und beschloss, nicht eine Zeile weiterzuschreiben. Das ist auch der Grund, warum mein erstes Buch (*Warum Frauen nicht mehr wollen oder: Warum die Leidenschaft einschläft*) Jahre brauchte, um endlich fertiggestellt zu werden. Was mich trotzdem dazu bewog, meine Untersuchungen fortzusetzen, war die Vielzahl der Missverständnisse in den Ehen und Beziehungen um mich herum und all die Schicksale, die daran hingen. Hier ging eine Ehe in die Brüche, dort eine langjährige Beziehung auseinander, Kinder wurden zu Scheidungswaisen, Frauen depressiv, Männer wütend.

Um dieses Problem in den Griff zu bekommen, gilt es zunächst zu verstehen, *warum* die Erotik nach einiger Zeit einschläft, und warum das in den meisten Fällen bei der Frau passiert.

Die Natur beeinflusst mit ihren biochemischen Prozessen nicht nur unser Sexualverhalten, sie spielt auch in vielen anderen Situationen eine große Rolle und nimmt uns praktisch an ihre (eigentlich) schützende Hand.

Der Nahrungstrieb sorgt zum Beispiel dafür, dass wir essen, der Fortpflanzungstrieb dafür, dass wir Kinder zeugen. Der Nestbautrieb seinerseits ist dafür verantwortlich, dass wir uns Unterkünfte suchen und Häuser bauen. (Kennen Sie den Werbespruch einer Bausparversicherung: „Häuser bauen liegt in der Natur des Menschen – Miete zahlen nicht!"? Diese Firma hat Recht.) Die Ausstattung der „Höhle" obliegt allerdings schon seit Jahrtausenden dem weiblichen Geschlecht, der Jäger hatte schließlich Besseres draußen zu tun. Wenn Sie also das nächste Mal bei IKEA einkaufen, dann schauen Sie einmal genauer hin. Dort finden Sie wesentlich mehr Frauen als Männer. Wenn Sie Paare beobachten, dann hat er meist nur die Aufgabe, die Regalnummern aufzuschreiben und die „Beute" irgendwie im Auto zu verstauen. Das Aussuchen der Möbel ist in aller Regel ihre Sache. Er allerdings überlässt ihr den Part ganz freiwillig, da er es sowieso nicht schaffen wird, etwas für die „Behausung" zu kaufen, das ihr missfällt. Tatsächlich fehlt ihm auch die Vorstellungskraft, die Errungenschaften in den eigenen vier Wänden fix und fertig aufgestellt zu sehen – sie aber kann das.

Dafür hat er den besser ausgebildeten Orientierungssinn, eine Erbe des Jägers. Schließlich musste er von seinen langen Wanderungen wieder sicher zurück nach Hause finden. Dass sie also beim Einparken in engen Lücken größere Schwierigkeiten hat, ist genau darauf zurückzuführen. Die Fähigkeit des räumlichen Sehens ist schlichtweg ihrem Nestbautrieb untergeordnet.

Während der Jäger auf der Pirsch war, mit den Männern seiner Sippe Tierspuren verfolgte und nach Feinden Ausschau hielt, bestand die Hauptaufgabe der Urzeitfrau darin, sich um den Nachwuchs zu kümmern, soziale Kontakte zu pflegen und in der Nähe der Behausung Früchte und Kräuter zu sammeln. Die Vorliebe für Süßes ist bis heute bei Frauen nur deshalb stärker ausgeprägt als bei Männern, weil es auf der ganzen Welt keine Frucht gibt, die süß und giftig ist. Der süße Geschmack sagt ihr also nichts anderes als: Ich bin essbar und reif.

Zucker (meist in Form von Honig und reifen Früchten) war schon in Urzeiten überaus beliebt. Er liefert nicht nur schnelle und kompakte Energie, er schüttet auch noch jede Menge glücklich machende Botenstoffe (Endorphine) ins Blut. Von der modernen Neuzeitsammlerin wird er am liebsten in Form von Schokolade verzehrt, vor allem dann, wenn kurz vor ihrer Periode der Hormonpegel in den Keller stürzt.

Der Nachwuchs, das eigentliche Ziel der naturgegebenen Aufgabe sich fortzupflanzen, untersteht einem ganz besonderen, instinktiven Schutz. Der Betreuungs- und Mutterinstinkt ist bei allen Tieren sehr stark ausgeprägt, auch bei Nicht-Eltern. Wenn Sie heute von einem verunglückten Schulbus erfahren, so berührt Sie das wesentlich tiefer, als wenn es sich um einen Bus voller Altenheimbewohner handelte.

Beim Spielen mit Puppen üben kleine Mädchen schon ganz natürlich das Mutterwerden. Sprechen sie mit ihren Puppen, dann beträgt der Abstand zu deren Gesichtchen immer ca. 20 cm. Dies geschieht „vollautomatisch", ohne dass die Mädchen wissen können, dass ein echtes Baby kurzsichtig ist und den Gegenüber nur dann erkennt, wenn er genau diesen Abstand einhält. Alle Menschen lächeln und erhöhen „automatisch" ihre Stimme, wenn sie mit Babys sprechen. Der „Singsang" wirkt auf Säuglinge freundlich und entspannend. All das geschieht völlig instinktiv, genauso instinktiv, wie kleine Jungen gerne Räuber und Gendarm spielen, von Waffen fasziniert sind und gerne ihre Kräfte messen. Im ursprünglichen Sinne üben sie noch immer für die Jagd und den Kampf. Auch wenn heute viele Spiele größtenteils am Computer stattfinden, so sind die Hormone, die in den virtuellen Kämpfen ausgeschüttet werden, genau dieselben, als würde sich der kleine Jäger in einem echten Wald befinden. Tatsächlich entstanden Mannschaftsspiele erst, als die Jagd durch Viehhaltung abgelöst wurde. Man(n) brauchte nun dringend eine Ersatzbefriedigung. Wenn Papa samstags beim Bundesligaspiel mitfiebert, dann kompensiert er damit lediglich das fehlende Jagd-und-Kampf-Erfolgserlebnis mit seinem „Rudel".

Nicht nur in der menschlichen Entwicklung wurde nichts dem Zufall überlassen, die Natur arbeitet einfach immer perfekt, gerade auch in Notsituationen. Sie schaffte es sogar, dass nach den beiden großen Weltkriegen, die den Tod unzähliger Männer bedeuteten, das entstandene Ungleichgewicht der Geschlechter wieder auszugleichen. In den Nachkriegsjahren kamen wesentlich mehr Jungen zur Welt als Mädchen. Dieser Zustand setzte sich fort, bis das Verhältnis wieder ausgeglichen war. Heute leben in Deutschland 45 Prozent Männer und 55 Prozent Frauen.

Dass wir das Bedürfnis haben, in Gesellschaften zu leben, Häuser zu bauen, arbeiten zu gehen, uns zu verlieben und Familien zu gründen, dass wir uns Obrigkeiten unterwerfen, all das liegt uns buchstäblich im Blut. Im Prinzip wird sogar vorbestimmt, was wir schön finden und was nicht.

Elementare Dinge, die zum Überleben notwendig sind, empfinden wir prinzipiell als schön. Klare Gewässer zum Beispiel, grüne Wiesen, ein warmer Frühlingstag, ein Herde Rehe oder eine schöne Aussicht. Niemand von uns denkt dabei an einen Überlebensvorteil – die Natur schon. Essen schmeckt uns – damit wir Nahrung zu uns nehmen. Beim Essen wird Serotonin ausgeschüttet, um die Nahrungsaufnahme angenehm und lustvoll zu gestalten. Wäre Essen eine lästige, quälende und ekelige Angelegenheit, wären wir alle längst freiwillig verhungert. Leider kennen wir genau dieses Phänomen von Magersüchtigen. Sie haben sich durch den andauernden Essensentzug den überlebenswichtigen Nahrungstrieb regelrecht aberzogen, mit fatalen Folgen: Sie können nie wieder mit Genuss essen, die zuständigen Botenstoffe werden nicht mehr ausgeschüttet, der Körper hat das schlicht und ergreifend verlernt. Weit mehr als 25 Prozent der Magersüchtigen sterben deshalb an dieser Krankheit, die Dunkelziffer ist noch wesentlich höher.

Grüne Wiesen bedeuten Fruchtbarkeit, Fruchtbarkeit wiederum bedeutet Nahrung und Nahrung bedeutet (Über-)Leben. Nur deshalb schmeicheln grüne Landschaften unseren Augen. Wieder spielt das ausgeschüttete Serotonin die Hauptrolle. Im Frühjahr beschert uns dieser Botenstoff besonders angenehme Glücksgefühle, denn nun folgt eine sorgenfreie Zeit. Nahrung im Überfluss, Wärme statt klirrender, lebensfeindlicher Kälte. Bis heute, im Zeitalter des Lebensmittelimports und der Zentralheizungen, wecken im Frühjahr die ersten warmen Sonnenstrahlen alle unsere Lebensgeister. Die Wohlfühlhormone Serotonin und Endorphin werden durch das längere Tageslicht in höherer Konzentration ausgeschüttet, wir erwachen fröhlich aus der Winterdepression. Selbst ein Herde Rehe verheißt uns nichts weiter als eine üppige Fleischmahlzeit, auch wenn Ihnen bei dem Gedanken jetzt das Herz blutet. Einen guten Überblick zu haben, Rehe ebenso frühzeitig sehen zu können wie Feinde, die sich nähern, war schon immer ein deutlicher Überlebensvorteil und das Klettern auf Anhöhen, um eine schöne Aussicht zu genießen, wird nur deshalb von der Natur (noch heute) mit einer Serotoninausschüttung belohnt.

Überhaupt ist Genuss das Zauberwort. Alles, was dem Überleben dient, hat die Natur mit angenehmen Gefühlen (mittels Serotoninausschüttung) gekoppelt. Evolutionspsychologen haben dazu unter anderem folgenden Versuch gestartet: Vor zwei nebeneinanderliegenden glasklaren Teichen wurde jeweils eine Bank platziert. Die Wissenschaftler verschlammten nun einen der Teiche, so dass dessen Wasser braun und trüb aussah. Man bat nun Versuchspersonen, sich eine Bank zum Verweilen auszusuchen. Ausnahmslos alle setzten sich vor den klaren Teich. Im zweiten Durchgang des Experimentes brachten die Wissenschaftler ein Warnschild vor dem klaren Gewässer an. Darauf stand: „Kein Trinkwasser, baden streng verboten!" Vor dem Brackwasserteich stand ein Schild mit der Aufschrift: „Trinkwasser, baden erlaubt." Nun wurden andere Versuchspersonen gebeten, sich einen Sitzplatz auszusuchen. Wieder wählten sie den klaren Teich, trotz des beängstigenden Warnschildes. Für die Evolutionspsychologen war damit ein weiterer Beweis erbracht: Triebe siegen über den Verstand – in den allermeisten Fällen. Klares Wasser steht für Sauberkeit, ganz egal, welches Schild davorsteht und wie kontaminiert das

Wasser ist, während trübes, brackiges Wasser abstoßend und lebensfeindlich wirkt.

Wenn Sie sich Hals über Kopf verlieben, herrschen Ihre Hormone über den Verstand. Sie könnten sich, selbst wenn Sie es wollten, nicht willentlich wieder „entlieben". Auch wenn alle Ihre Freunde warnend den Zeigefinger heben, Ihr Vater die Fäuste gen Himmel schüttelt und niemand mit Ihrer Partnerwahl einverstanden ist, die Hormone behalten meist die Oberhand. Die Vernunft ist jetzt der Biochemie in Ihrem Körper untergeordnet. Erst wenn die Natur Ihnen nach ca. einem halben Jahr die rosarote Hormonbrille langsam wieder abnimmt und sich Ihre grauen Zellen wieder einschalten, werden Fehler des anderen erkannt.

Länger als ein paar Monate kann der Mensch den Verliebtheits-Gefühlsrausch tatsächlich gar nicht aushalten. Die heftige Hormondusche mit allen körperlichen Folgen frisst nämlich so viel Energie, dass sich, dauerte dieser Zustand über Jahre an, die Lebenszeit erheblich verkürzen würde. Für die Natur aber ist es wesentlich vorteilhafter, wenn wir möglichst lange leben. Nur so können wir viel gesunden Nachwuchs produzieren, um die Art zu erhalten. Aus diesem Grunde werden die berauschenden Gefühle nach ein paar Monaten auf ein erträgliches Maß gedrosselt. Die Aussage älterer Ehepaare, „verliebt wie am ersten Tag" zu sein, darf also immer dem Reich der Legende zugeordnet werden.

In wen wir uns verlieben ist also nicht Verstandessache – sondern unterliegt den Trieben und Instinkten. Frauen verlieben sich in die Männer, die offensichtliche Vorteile für ihren Nachwuchs haben. Früher waren das vor allem die Sippenführer. Ihre Macht und Stärke, die Führungsposition und der Körperbau signalisierten ihr: *Nimm mich, ich kann dir starken und überlebensfähigen Nachwuchs zeugen – ich kann deine Kinder ernähren und beschützen.*

Das ist bis heute so geblieben.

Pubertät und Sexualtrieb

Mit der Pubertät, ca. ab dem 11. Lebensjahr, beginnt im Körper die Sexualhormonproduktion. Eltern spüren das nun deutlich am veränderten Wesen ihrer Sprösslinge. Die Kids werden launisch, unausgeglichen, aufsässig, weinerlich und sind aus heiterem Himmel himmelhoch jauchzend und euphorisch. Nicht nur die ersten Körperhaare sprießen, auch Pickel und Mitesser, ausgelöst durch den Hormonschub (Testosteron), gehören jetzt zum Alltag.

Die Jugendlichen beginnen, sich langsam von der Erwachsenenwelt abzusondern. Die ersten Cliquen von Gleichgesinnten und „Leidensgenossen" bilden sich. Zeitweise werden diese Gemeinschaften sogar wichtiger als die eigene Familie. Vieles wird nun ausprobiert. Ob der Filius in die Punker-, Rocker- oder in die „Gothik-Szene" rutscht, hängt vor allem davon ab, wie sehr er von der einzelnen Gruppe akzeptiert und respektiert wird. Dies birgt große Risiken, an die „Falschen" zu geraten, beispielsweise die Neonazi-Szene. Die Kleidung gewinnt an Bedeutung und ist nicht nur äußeres Zeichen der Abgrenzung, sie wird zum elementaren Index für den Rang in der jeweiligen Gruppe. „In" zu sein und dazuzugehören ist nun so wichtig, dass Jugendliche nicht selten ihr gesamtes Taschengeld in Klamotten investieren. Für die Heranwachsenden kommt es einem Weltuntergang gleich, wenn sie jetzt nicht mit Gleichaltrigen mithalten können. Sie fühlen sich nicht akzeptiert oder gar ausgestoßen. Hier kommen der Herdentrieb des Menschen und alle seine Urängste wieder überdeutlich zum Tragen.

Genau wie früher die Urmenschen und noch heute heranwachsende Rudeltiere messen pubertierende Jungen ihre Kräfte, um sich einen Rang in der Gruppe zu erkämpfen. Die Mittel sind dabei heutzutage den modernen Normen angepasst. Es geht nicht mehr darum, wer der Kräftigere oder der Schnellste ist, wer die meiste Beute macht, es geht darum, wer die hippesten Klamotten am Leib trägt, das teuerste Handy und das neueste Computerspiel besitzt oder den schnellsten Roller fährt.

Mädchen messen sich primär an ihrem Aussehen. Die Schuhabsätze werden höher (um Brust und Po zu betonen) und die weiblich werdende Figur wird durch entsprechende Kleidung unterstrichen. Schminke steht jetzt ganz oben auf dem mütterlichen Einkaufszettel.

Musste man die Kids bis vor kurzem noch ins Bad prügeln, so verlassen sie es nun erst nach stundenlangem Betteln.

Die Abgrenzung von der Erwachsenenwelt macht sich in allen Bereichen deutlich, so beispielsweise durch laxe Sprache, Piercings und Tattoos. Sie könnten Ihren Kindern jetzt nichts Schlimmeres antun, als ihnen diese deutliche Abgrenzung zu nehmen, indem Sie sich genauso kleiden oder denselben Umgangston wählen. Womöglich Samstagabend in der Disco rappen oder sich ein Nasenpiercing stechen. Die Gruppenbildung und das Abgrenzen – sogar das Anschnauzen der Eltern – sind evolutionäre Programmierungen, die nicht vom Bewusstsein gesteuert werden und die es seit Menschengedenken gibt.

In der Pubertät beginnt die Sexualität, das Interesse am anderen Geschlecht, das Balzen und Kokettieren. Es ist eine aufregende und gleichzeitig schwierige Zeit. Im Grunde sind es die ersten „Wechseljahre".

Als es noch keine Verhütungsmittel und Familienplanung gab, wuchs jetzt bereits das erste Kind im Bauch der jungen Urfrau. Das erste von vielen, die im Laufe eines Lebens ausgetragen wurden.

Der Mensch –
das Säugetier

Evolutionswissenschaftler, Biologen und Evolutionspsychologen haben die meisten Antworten auf die Frage, wie wir funktionieren, in Säugetierverbänden gefunden. Die Vergleiche sind legitim, denn im Grunde unterscheidet uns von unseren „Mit-Tieren" lediglich unser Verstand – und alles, was aus ihm resultiert: Fortschritt, Kultur, Waffen, Technologie, Religion, Moral und die Fähigkeit, uns in vielen Bereichen unabhängig von der Natur zu machen. Unsere Natur ablegen können wir nicht.

Dass sich ausgerechnet das menschliche Gehirn derart entwickeln konnte, liegt am Zusammenspiel vieler Ereignisse. Das übergeordnete Zauberwort heißt Anpassung.

Auf unserem Erdball haben dauerhaft nur Spezies Bestand, die sich ihrer Umwelt und den sich immer wieder verändernden Lebensbedingungen anpassen können. Diese natürliche Selektion führte dazu, dass bereits über 90 Prozent aller Arten, die schon einmal den Globus bevölkerten, wieder ausgestorben sind.

Den aufrechten Gang legte sich der Mensch erst zu, als in Afrika die Bäume verschwanden und immer mehr Steppenlandschaften wuchsen. Um besser über die langen Gräser nach Essbarem und Fressfeinden schauen zu können, erhoben sich unsere Vorfahren irgendwann von ihren vormals vier auf zwei Beine. Dadurch besaßen sie einen weiteren elementaren Vorteil: Von nun an hatten sie die Hände frei. Mit ihnen begannen sie, Waffen zu bauen, die sie vom Pflanzen- und Aasfresser zum erfolgreichen Jäger machten. Das Mehr an Eiweiß, das sie jetzt zu sich nahmen, bescherte ihnen ein größeres und immer effektiver arbeitendes Gehirn.

Den enormsten aller Entwicklungssprünge aber brachte dem Urmenschen die Fähigkeit, das Feuer zu beherrschen. Kein anderes Lebewesen hat dies jemals geschafft. Von nun an konnten unsere Urahnen ihre Nahrung garen. Nährstoffe wurden dadurch viel besser aufgeschlüsselt, die Darmpassage verkürzte sich ganz erheblich. Bis heute ist der Mensch das einzige Säugetier, das gleichzeitig essen und sich bewegen kann. Primaten verbringen die meiste Zeit ihres Lebens mit Fressen und Verdauen. Sie verbrauchen wesentlich mehr Energie, um die Nährstoffe aus der Nahrung zu ziehen und benötigen deshalb lange Ruhezeiten.

Der Mensch aber hatte aufgrund seines Entwicklungsvorsprungs irgendwann Zeit, viel Zeit. Zeit, sich zu entwickeln, Zeit, um zu experimentieren, Zeit, um eine große Anzahl Nachkommen zu zeugen und großzuziehen. Das Gehirn entwickelte sich, lernte und wurde immer leistungsfähiger – der Mensch verbreitete sich über den Erdball.

Bis unsere heutigen überbevölkerten Großstädte entstanden, dauerte es allerdings noch zigtausend Jahre.

Macht macht sexy – das Recht auf Fortpflanzung

Lange lebte der *Homo sapiens sapiens* in kleinen Sippen und Verbänden. Diese wurden von dominanten Jägern und Kriegern angeführt, so wie es bis heute in allen Säugetierherden dominante Leittiere gibt.

In Säugetierverbänden mit männlichen Alphatieren wird der Nachwuchs ausschließlich von eben diesen gezeugt. So sorgt die Natur für die Weitergabe von starken, widerstandsfähigen und „fitten" Genen. Die Vorherrschaft des Leittieres wird allerdings immer wieder von Geschlechtsgenossen in Frage gestellt. Regelmäßig gibt es erbitterte Kämpfe um den Harem. Verliert der Rudelführer, übernimmt der Sieger seine Weibchen und das Rudel.

Das war früher bei den Urmenschen sehr ähnlich. Der Nachwuchs wurde von den stärksten Mitgliedern der Sippe gezeugt – und zwar ausschließlich. Auch wenn sich das Gehirn immer weiter entwickelte, so sorgte die Natur mit ihren Instinkten dafür, dass sich primär nur die fittesten Gene reproduzierten. Diese strenge Auswahl garantierte, dass starkes Erbmaterial weitergegeben wurde und somit auch starke und überlebensfähige Nachkommen daraus entstanden.

Genau wie bei den Rudeltieren gab es beim Menschen keine Monogamie. Zwar existieren einige Arten wie die

Präriemäuse, die ihr Leben lang bei dem Partner bleiben, mit dem sie sich zum ersten Mal paaren, aber sie sind nicht gleichzeitig treu. Sexuelle Treue gibt es höchstens bei Vögeln, und das sind bekanntermaßen keine Säugetiere. Doch selbst die durch Konrad Lorenz berühmt gewordene „lebenslange Treue" der Graugänse entspricht nicht mehr dem letzten Stand der Wissenschaft!

Der ranghöchste „Jäger" im Menschenrudel hatte also das Vorrecht, die weiblichen Rudelmitglieder zu begatten und so seine Erbanlagen weiterzugeben. Um seinen Rang in der Gruppe zu unterstreichen, benutzte er u. a. Statussymbole. Das konnten ein besonderer Kopfschmuck sein wie bei den Indianern, Tätowierungen, auffällige Kleidung, Schmuck oder auch Narben, die durch rituell zugefügte Verletzungen entstanden. Wichtig war, dass das Statussymbol für andere *sichtbar* war, sowohl für Konkurrenten als auch für die Damenwelt.

Heute verhält es sich letztlich nicht anders, nur die Symbole haben sich der Neuzeit angepasst. Um sich von anderen abzuheben, investiert man(n) in teure Autos, Uhren, Anzüge und Schuhe – Dinge, die gesehen werden. Sie sagen etwas über den Rang des Mannes in der Gesellschaft aus und sollen eigentlich nur eines signalisieren: *Ich bin stark, kräftig, habe gesunde Gene und kann starken, überlebensfähigen und gesunden Nachwuchs zeugen, für ihn sorgen und ihn verteidigen.*

Es wundert also nicht, dass diese visuellen Signale bis heute ihre Wirkung nicht verfehlen – und *frau* darauf mit Fortpflanzungsbereitschaft reagiert. Dem weiblichen Geschlecht wird oft nachgesagt, materiell zu sein und mehr auf den dicken Geldbeutel eines Mannes zu achten als auf seinen Charakter, doch es sind schlicht und ergreifend die heutigen Statussymbole, denen sie sich nicht entziehen kann, die auf ihren Hormonhaushalt wirken und ihr Verliebtsein auslösen.

Ein Mann, der ganz *offensichtlich* einen hohen Rang in der Gesellschaft innehat, wird sich also nie über mangelndes Interesse bei den Frauen beklagen können, auch wenn er wenig attraktiv ist, rote Haare und Glubschaugen besitzt – sein Aussehen ist tatsächlich sekundär. Hand aufs Herz, liebe(r) Leser(in), was glauben Sie, wie viele der schönen Frauen hätte Boris Becker wohl in der Besenkammer oder sonstwo vernascht, wäre er keine Berühmtheit gewesen? Er besitzt weder das Äußere noch wirklich den Charme, um die Hormone seiner dunkelhäutigen Schönheiten in Wallung zu bringen. Aber er strahlt Macht und Erfolg aus. „Die ist ja nur auf sein Geld aus", dieser Vorwurf stimmt so also nicht. Die Macht, die ein prominenter und erfolgreicher Mann ausstrahlt, signalisiert einer Frau, 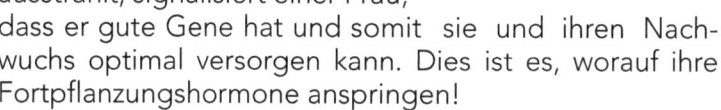 dass er gute Gene hat und somit sie und ihren Nachwuchs optimal versorgen kann. Dies ist es, worauf ihre Fortpflanzungshormone anspringen!

Wenn Sie in nächster Zeit eine Reportage über die Teenie-Band *Tokio-Hotel* sehen, dann achten Sie einmal darauf, wie viele der kreischenden Zahnspangenmädchen vor dem Hotel ein Schild in die Höhe halten mit der Aufschrift: *Bill, ich will ein Kind von dir!!!!!*

Da die Fortpflanzung in den Urgemeinschaften nur den Starken und Mächtigen vorbehalten blieb, denjenigen, die wichtige Kriterien für die erfolgreiche Weitergabe von starken Genen erfüllten, ist es also auch nicht verwunderlich, dass das Streben nach Macht in der menschlichen Natur liegt und mit Hilfe von Trieben gesteuert wird.

Vom Mittelalter bis in die Zeit des Absolutismus (also bis vor etwa 200 Jahren) haben Gutsherren und Landbesitzer das Recht der ersten Nacht sogar per Gesetz eingefordert (lat.: *ius primae noctis*). Wenn junge Paare heiraten wollten, war die Braut dazu gezwungen, zuerst dem Patriarchen willig zu sein, bevor sie sich in die Arme ihres Zukünftigen begeben durfte. Nicht selten war sie dann schon schwanger. In manchen Regionen Rumäniens wird diese Tradition bis heute gepflegt.

Für Männer ist es also ganz besonders wichtig, um nicht zu sagen elementar, sich von der Masse abzuheben, sich von ihr zu unterscheiden und die eigene Macht nach außen sichtbar zu machen. Macht bedeutet Einfluss und Ansehen, im ursprünglichen, natürlichen Sinne vermittelt sie: *Ich bin ein Alphatier und habe das Recht, mich zu vermehren.*

Heute sind Besitz und Geld der wichtigste Index für Macht und somit ein sicherer Auslöser für die Ausschüttung der weiblichen Fortpflanzungshormone. Die Naturgesetze wirken deshalb ebenso beim alternden Millionär wie beim fischäugigen Tennisspieler und dem greisen Schauspieler. Hätte Opa auch eine Chance bei seiner jungen Blondine gehabt, wenn er nur Herr Müller aus der Kleinbürgerstraße gewesen wäre? Wohl kaum!

Geld ist Macht – und Macht machte schon immer erotisch. Und wo bleibt jetzt die Romantik?

Aber gerade das ist Romantik. Die Gefühle, die durch uralte evolutionsbedingte Mechanismen ausgelöst werden, damit wir uns reproduzieren, starke und überlebensfähige Nachkommen zeugen, sind die, die wir Menschen als romantisch umschreiben. Es sind gleichzeitig die mächtigsten, die wir empfinden können, weil die Fortpflanzung schlichtweg die wichtigste Aufgabe ist, die wir in unserem Leben zu erfüllen haben. Über mit dieser Aufgabe verbundene Gefühle werden Lieder gesungen, Gedichte verfasst, Romane, Dramen und Opern geschrieben und Kinofilme gedreht – sogar Morde werden unter ihrem Einfluss begangen. Diese Gefühle haben den einen, ursprünglichen Sinn, uns nicht aussterben zu lassen.

Die Natur sieht uns nicht als Individuen. Für sie sind wir eine erfolgreiche Art, die sich über Jahrtausende entwickelt hat, die die Fähigkeit besitzt, sich immer wieder an veränderte Lebensbedingungen anzupassen und der es dadurch sogar gelang, sich ein Stück weit von ihr unabhängig zu machen. Aber eben nur ein Stück weit. Viele unserer „intelligenten" Errungenschaften entsprechen eigentlich nicht den Gesetzen der Evolution.

Monogamie – eine Erfindung der Neuzeit?

Genau so ist es! Hätten wir schon in der Steppe monogam gelebt, wären wir längst ausgestorben. Monogamie gab und gibt es in kaum einem Säugetierverband, tatsächlich darf es sie gar nicht geben. Zeugt dauerhaft nur ein Männchen den Nachwuchs, käme es irgendwann zwangsweise zur Inzucht. Fehlerhafte Gene aber bedeuten über kurz oder lang den sicheren Tod einer Spezies.

Wie weiter oben ausgeführt hat in einer Säugetiergruppe nur ein Männchen das Recht, die Weibchen zu „besamen". Dieses Recht ist allerdings zeitbegrenzt. Ein anderes, starkes Männchen wird sich eines Tages das Fortpflanzungsprivileg erkämpfen. So sichert die Natur nicht nur die Weitergabe von starkem Erbmaterial, sie sorgt zudem für eine ausgewogene Genmixtur, die den Bestand gesund hält.

Auch in den frühen Menschensippen und -gemeinschaften bekamen die Frauen von unterschiedlichen, allerdings immer Stärke beweisenden Männern ihren Nachwuchs. Auch hier wechselten die Hierarchien regelmäßig und somit auch die Väter. Die Gruppen waren klein, Begegnungen mit Fremden eher selten. Eine Durchmischung des Erbmaterials geschah deshalb primär durch den Sexualkontakt mit wechselnden „Rudelführern" in der eigenen Sippe. Als die Gruppen immer größer wurden, blieben Paare länger zusammen, ein Leben lang monogam waren sie allerdings nie.

Das änderte sich erst vor ca. 10.000 Jahren. Aus umherziehenden Jägern und Sammlern wurden sesshafte Ackerbauern und Viehzüchter. Paare blieben nun „für immer" zusammen. Das hatte allerdings weniger romantische als nützliche Gründe. Vom gemeinsamen Bewirtschaften der Felder und der Versorgung der Nutztiere hing das Überleben ab, auch das Vererben von Besitz spielte eine wichtige Rolle.

Mit dem Beginn der Sesshaftigkeit und der Aufgabe des Nomadentums entstand eine ganz neue Gesellschaftsform, die sich schließlich durchsetzte. Hier liegen die Ursprünge nicht nur unserer heutigen Dörfer und Städte, sondern auch der Familie, der Moral und der – eigentlich unnatürlichen – Monogamie.

Eifersucht und Untreue

Dass die Monogamie nicht zu unseren ursprünglichen Lebensformen gehörte, bedeutet nicht gleichzeitig, dass für unsere Vorfahren Eifersucht eine unbekannte Empfindung war.

Eifersucht löste bereits zu Jäger- und Sammlerzeiten heftige und quälende Gefühle aus. Unsere frühen Vorfahren waren Konkurrenten, sie spielten das Partner-wechsel-dich-Spiel keinesfalls, ohne dabei Missgunst, Hass und Ängste zu verspüren – ganz im Gegenteil. Der Urmann verteidigte seine Favoritin leidenschaftlich gegen ständig lauernde Rivalen und auch die Ur-Frau teilte ihren starken Genträger nicht gerne mit anderen Weibchen. Von ihm und seiner *alleinigen* Zuwendung hing schließlich ihre Versorgung ab – und somit auch die Überlebenschance ihres Nachwuchses.

Die Größe des männlichen Hodens weist biologisch eindeutig auf eine erhöhte Spermienproduktion und damit „Vielweiberei" hin, keinesfalls auf sexuelle Treue. Je größer der Hoden einer Spezies im Tierreich, desto mehr Weibchen werden begattet. Schimpansen sind mit einem relativ großen Hoden ausgestattet, sie konkurrieren innerhalb ihres Verbandes mit vielen Rivalen, während Gorillas im Verhältnis zu ihrem Körper eher kleine Hoden haben. Das bedeutet nicht, dass Gorillas monogam leben, im Gegenteil. Sie unterhalten einen Harem, dieser wird ihnen aber nur höchst selten streitig gemacht.

Der Homo sapiens hat im Verhältnis zu seiner Körpergröße einen relativ großen Hoden, was darauf schließen lässt, dass er sich schon immer mit Konkurrenten auseinandersetzen musste. Im Ejakulat eines Mannes befinden sich ca. 300 Millionen Spermien. Ob er sie „an die Frau bringt" und somit seine Gene weitergeben kann, hängt ganz maßgeblich von der Mitwirkung des weiblichen Geschlechts und ihrer Bereitschaft ab, sich gerade mit ihm einzulassen. Sie wird in ihrem Leben nur ca. 400 reife Eizellen produzieren und somit höchstens 20 Kinder austragen und großziehen.

Doch nicht alle Samenzellen haben die Aufgabe, eine Eizelle zu befruchten. Eine Vielzahl sind sogenannte Killerspermien, die den Samen möglicher Konkurrenten vernichten, sollte er sich zur gleichen Zeit im Körper der Frau befinden. Schon in Urzeiten gab es für einen Mann nichts Schlimmeres, als seine Lebenszeit und Kraft in ein „Kuckuckskind" zu investieren, während seine eigenen Gene auf der Strecke blieben.

Wenn man heute Frauen und Männer befragt, was genau sie eifersüchtig macht, so sind die Antworten – naturgegeben – unterschiedlich.

Einem Mann macht eher die Tatsache Angst, dass sie heimlich Sex mit einem anderen hat und womöglich von diesem schwanger wird. Eine Frau findet es schlimmer, wenn ihr Mann sich in eine andere _verliebt_. Einen „Ausrutscher" könnte sie viel eher verzeihen (solange er reumütig zu ihr zurückkehrt).

Frauen sind also naturbedingt auf Nebenbuhlerinnen eifersüchtig, die ihnen ihren „Versorger" wegnehmen, während Männer primär Angst davor haben, ein fremdes Kind großzuziehen.

Die männliche Eifersucht findet ihren Ursprung also in der Aufgabe, sich selbst und die investierten Energien zu schützen, während die weibliche Eifersucht primär darauf abzielt, den Ernährer nicht zu verlieren und ihn deshalb von weiblichen Konkurrentinnen fernzuhalten.

Das bestätigten auch die vielen Gespräche im Zuge meiner Recherche. Männer, die von ihren Frauen betrogen wurden und dies herausfanden, berichteten, dass der

Drang, mit ihrer untreuen Frau zu schlafen, fast übermächtig war. Auch wenn sich der Verstand lieber vor ihr ekeln wollte, die Instinkte siegten auch hier. Ein Mann, der den unwiderstehlichen Drang verspürt, seine untreue Ehefrau zu begatten, hat evolutionsgeschichtlich nichts anderes im Sinn, als seinen Konkurrenten zu übertrumpfen und ihm zu zeigen, wer hier das stärkste Männchen im Rudel ist. Er meldet seinen Besitzanspruch an. Kommt es tatsächlich zum Geschlechtsverkehr, haben nun seine Killerspermien die Aufgabe, das fremde Sperma im Körper seiner Frau zu vernichten. Und tatsächlich: **Je eifersüchtiger ein Mann ist, desto höher ist nachgewiesenermaßen die Anzahl der Killerspermien in seinem Ejakulat.**

Aus der Sexualforschung weiß man auch, dass Frauen *während ihres Eisprungs* am häufigsten fremdgehen. Erotische Träume von anderen Männern tauchen in der fruchtbaren Zeit wesentlich öfter auf als an den unfruchtbaren Tagen im Zyklus. Bei einer Befragung in Nordamerika gaben tatsächlich 30 Prozent der Frauen, die in einer Beziehung leben, zu, schon Affären gehabt zu haben – oder noch zu unterhalten. Nach neuesten Umfragen sind es in Deutschland sogar 40 Prozent. Aus diesen mehr oder weniger kurzfristigen Affären resultieren hierzulande ca. 10 Prozent „Kuckuckskinder", die nicht vom leiblichen Vater großgezogen werden. Diese Zahlen verdanken wir der modernen Errungenschaft, dass Väter heute mittels eines Gentestes prüfen lassen können, ob ihr Nachwuchs tatsächlich von ihnen abstammt.

Der Konkurrenzkampf zweier weiblicher Rivalinnen um einen Mann wird gerne „Stutenbissigkeit" genannt. Tatsächlich zerbrechen viele innige und langjährige Frauenfreundschaften, wenn es um die Eroberung eines gemeinsamen Favoriten geht. Das Phänomen, dass sich

„beste Freundinnen" häufig ausgerechnet in denselben Mann verlieben und somit unvermittelt zu Konkurrentinnen werden, kann damit erklärt werden, dass allein die Tatsache, dass eine von ihnen den Mann heiß begehrt, ihn die Kriterien des „Alpha-Männchens" erfüllen lässt. Daraufhin kommen beinahe zwangsläufig auch die Hormone der Freundin in Wallung.

Dasselbe Phänomen kann bei Frauen festgestellt werden, die sich von ihren Männern getrennt haben und trotzdem mit heftiger Eifersucht reagieren, sobald sich der „Ex" einer Neuen zuwendet. Die Nachfolgerin weckt Eifersuchtsgefühle, auch wenn sich das rational nicht erklären lässt, schließlich hat sie ihn ja verlassen. Auch passiert es häufig, dass betrogene Ehefrauen nach Jahren „Funkstille" im Bett plötzlich wieder sexuell auf ihren untreuen Mann reagieren. Der fremdgehende Mann wird für *frau* deshalb wieder interessant, weil das Interesse einer Nebenbuhlerin ihn als „stärkstes Männchen" auszeichnet. Diese Tatsache kann bei ihr, trotz des Schmerzes, betrogen und belogen worden zu sein, die Fortpflanzungsbereitschaft auslösen, die von der Natur dafür eingerichtet wurde, immer einen starken Genträger zu favorisieren. So erwachen die erotischen Gefühle kurzzeitig zu neuem Leben.

In all diesen Fällen schalten schlicht und ergreifend evolutionäre Mechanismen den rationalen Verstand ab – doch meist ist dies nicht von Dauer.

Heute spielen Männer wie Frauen gerne mit der Eifersucht. Beide Geschlechter kennen den Effekt, dass hiermit ein gleichgültiger Partner schnell zurückzugewinnen ist.

Der weibliche Trieb und seine traditionelle Unterdrückung

Seit es Männer gibt, versuchen sie dem Betrugsfall – also der Gefahr, fremden Nachwuchs großzuziehen – vorzubeugen.

In afrikanischen Ländern pflegt man in diesem Zusammenhang bis heute, unter dem Deckmantel der Traditionen, furchtbare Riten. Kleine Mädchen werden unter lebensgefährlich unhygienischen Bedingungen beschnitten. Mit Rasierklingen oder einer Glasscherbe werden Klitoris und oft auch die äußeren Geschlechtsorgane, sprich die Schamlippen, entfernt. Nicht selten wird der Eingang der Scheide bis auf ein kleines Loch zugenäht und erst unmittelbar vor der Hochzeitsnacht wieder aufgetrennt. In Großstädten besorgen dieses schmutzige Geschäft sogar Ärzte, die sich darauf spezialisiert haben. Selbst in Frankreich wird dieser „Service" von zweifelhaften Gynäkologen für die Töchter afrikanischer Auswandererfamilien angeboten. Nicht beschnittene Frauen gelten als triebhaft, unrein und schmutzig. Sie gefährden den Ruf der Familie oder des ganzen Dorfes.

In islamischen Ländern hüllt man Frauen (unter dem Deckmantel der Religion) bis zur Unkenntlichkeit in Tücher. Oft sind nicht einmal die Augen zu sehen. Sie sollen so ihren Männern treu und untergeben bleiben und vor allem andere Männer nicht mit ihren Reizen provozieren. Frauen, die ihren Mann betrügen, werden in vielen dieser Länder bis heute mit dem Tode bestraft. Sie werden grausam gesteinigt oder lebendig eingemauert, manchmal auch im Pool ertränkt. Das geschieht selbst dann, wenn die Frau Opfer einer Vergewaltigung wurde, also nicht die geringste Schuld am „Fremdgehen" oder ihrer Entjungferung trägt.

In diesen Regionen ist es für Männer nicht nur selbstverständlich, ein unberührtes Mädchen zu heiraten, für sie ist es elementar, der Einzige zu sein – ein Leben lang. Hier leben Gynäkologen auch davon, zerrissene Jungfernhäutchen wieder herzustellen, um jungen Frauen damit das Leben zu retten.

Wiederum liegt der Ursprung dieser entsetzlichen Traditionen ganz klar in der Angst des Mannes begründet, seine Frau an einen Konkurrenten zu verlieren oder womöglich ein „Kuckuckskind" untergejubelt zu bekommen. Um das zu verhindern, sind ihnen buchstäblich alle Mittel recht. Vor ein paar Hundert Jahren erging es auch in Deutschland „unkeuschen" Frauen nicht besser, sie wurden kurzerhand im Moor ertränkt.

Heute leben in Westeuropa Mädchen und Frauen mehr oder weniger unbekümmert ihren Trieb aus. Die Entwicklung ist in den letzten Jahrzehnten rasant fortgeschritten. Schon seit einigen Generationen ist es in Deutschland keine Schande mehr, die Jungfräulichkeit weit vor der Ehe zu verlieren. Kein deutscher Mann erwartet heute eine unberührte Jungfrau, wenn er eine Eroberung aus der Diskothek für einen One-Night-Stand nach Hause abschleppt.

Seit Einführung der Antibabypille in den 1960er Jahren haben sich Frauen diese sexuelle Freiheit hart erkämpft. Auch wenn bei uns selten vom weiblichen Trieb gesprochen wird, so ist inzwischen gesellschaftlich akzeptiert, dass Frauen Sex mit verschiedenen Männern haben, bevor sie sich fest binden. Im Zusammenhang mit dem Wort Trieb wird fast ausschließlich das männliche Sexualverhalten in Verbindung gebracht. Der männliche Sexualtrieb wird als Selbstverständlichkeit betrachtet. Das liegt unter anderem daran, dass er mit all seinen Facetten viel öfter in die Schlagzeilen gerät. Eine Fehlsteuerung kann den Mann zum Vergewaltiger, Kinderschänder oder Mörder machen. Vom weiblichen Trieb hört man so gut wie nie etwas. Nur aufgrund der Tatsache, dass Frauen nicht vergewaltigen, lässt sich nicht der Umkehrschluss ziehen, sie wären nicht triebgesteuert. Natürlich haben Frauen einen Trieb, sonst würden sie sich niemals verlieben, keinerlei Lust beim Sex empfinden und keine Kinder bekommen.

Der weibliche Trieb ist mindestens genauso mächtig wie der männliche, nur fehlt ihm im Vergleich zum männlichen die Gewaltbereitschaft. Diese liegt einfach nicht in der weiblichen Natur. Frauen brauchten nie zu kämpfen und zu jagen, die Verteidigung der Sippen, das Kriegführen und Beuteerlegen wurde in erster Linie (mit Ausnahmen) den körperlich stärkeren Männern überlassen. Die Urfrauen waren für den Nachwuchs, die Behausung, das Sammeln von Beeren, Kräutern und Früchten und für den Zusammenhalt der Verbände zuständig.

Für die männliche Sexualität und die Ausbildung des männlichen Gehirns ist das Hormon Testosteron verantwortlich. Dieses Hormon lässt nicht nur Muskeln wachsen, es wird auch als „Gewalthormon" bezeichnet. Testosteron ist praktisch dafür mitverantwortlich, dass sich Männer bis heute prügeln, dass sie den besseren Orientierungssinn haben, sicherer rückwärts einparken und Computerspiele lieben.

Testosteron wird im Frauenkörper kaum gebildet. Deshalb sind Frauen im Schnitt wesentlich „friedlicher" als ihre männlichen Zeitgenossen. Erst in den Wechseljahren, wenn der Spiegel der weiblichen Sexualhormone sinkt und im Verhältnis dazu das männliche Testosteron verstärkt gebildet wird, verändern sich die Frauen etwas. Nicht nur der Charakter, auch die Figur ist davon betroffen. Die Fettdepots am Körper werden im Klimakterium umverteilt. Sie siedeln sich jetzt primär im abdominalen Bereich, also am Bauch, an. Männern signalisiert diese natürliche Pölsterchen-Umverteilung schlicht und ergreifend die eingetretene „Unfruchtbarkeit". Ein dicker Bauch zeugt entweder von einer Schwangerschaft oder eben von den Wechseljahren. Die von Männern so geliebte Sanduhr-Figur bleibt nur den fruchtbaren Frauen vorbehalten.

Frauen, die genetisch bedingt überdurchschnittlich viele männliche Hormone bilden, haben oft ein sehr festes Gewebe. Das beschert ihnen das Glück, überhaupt nicht oder nur wenig unter Cellulite zu leiden, und gleichzeitig das Pech, größere Schwierigkeiten beim Schwangerwerden zu haben. Tatsächlich ist auch der Orientierungssinn dieser Frauen besser ausgeprägt. Wenn Frauen schweres Bodybuilding betreiben, dann sorgt das harte Training für eine unnatürlich hohe Testosteronbildung, die Damen beginnen zu vermännlichen. Ursprünglich ist dies eine von der Evolution eingerichtete Anpassung an harte körperliche Arbeit. Die Brüste schrumpfen, die Muskeln treten kräftig hervor, die Stimme wird dunkler und im Gesicht bildet sich ein Damenbart. In extremen Fällen bleibt irgendwann die Periode aus. Platt ausgedrückt ist die Natur der Meinung, eine so schwer arbeitende Frau sei nicht mehr in der Lage, sich um Nachwuchs zu kümmern, und macht sie deshalb unfruchtbar. Auf Männer und ihre Fortpflanzungsinstinkte wirken muskulöse Frauen deshalb abstoßend.

Zurück zum weiblichen Trieb: Nicht nur der weibliche Sexualtrieb, auch die Orgasmusfähigkeit wurde den Frauen über Jahrhunderte aberkannt. Vielen Generationen war es praktisch unbekannt, dass Frauen überhaupt einen Höhepunkt haben können – es interessierte aber auch niemanden.

Doch Frauen haben Orgasmen, und sie sind sogar enorm wichtig!

Die natürliche Bedeutung des Orgasmus

Schon die Urfrau hatte Orgasmen – und die halfen ihr tatsächlich bei der erfolgreichen Befruchtung.

Englische Forscher haben vor einigen Jahren untersucht, was genau im Inneren der Frau während des Orgasmus passiert. Dazu befestigten sie eine Minikamera am Penis eines Mannes, die während der Penetration gestochen scharfe Aufnahmen vom Innenleben der Scheide machte. Diese Kamera lieferte sensationelle Bilder. Sie zeigte, wie das Paar fast gemeinsam zum Höhepunkt kam. Der Samen schoss zuerst aus dem Glied des Mannes direkt vor den Muttermund der Frau. Als sie Sekunden später „kam", tauchte die kleine Öffnung ihres Muttermundes mit zuckenden Bewegungen in die Samenflüssigkeit und nahm diese wie ein kleiner Staubsauger auf.

Während des Orgasmus wird also der Samen vom Muttermund regelrecht „getrunken".

Als ich diese Bilder zum ersten Mal sah, war ich fasziniert. So viele Fragen wurden jetzt beantwortet. Der unermüdliche Ehrgeiz des Mannes, seine Geliebte zum Höhepunkt zu bringen, erklärt sich hiermit auf natürliche Weise ganz von selbst.

Was ist die meistgestellte Frage von Männern nach dem Sex?

„Schatz, bist du gekommen, war es schön für dich?"

Frauen haben den Orgasmus schon immer vorgetäuscht, um den Mann mit einer positiven Antwort auf diese Frage zufriedenzustellen. Ihre gehauchte Antwort:

„Ja, Schatz, hast du es denn nicht bemerkt?"

Die schauspielerische Fähigkeit, einen Orgasmus perfekt vortäuschen zu können, müssen Frauen nicht erst lernen, sie haben sie praktisch mit der Muttermilch aufgesogen. Kennen Sie den Film *Harry and Sally* und die berühmte Szene, durch die Meg Ryan erst richtig bekannt wurde? Sally demonstrierte ihrem Freund ungeniert – und dies mitten in einem vollbesetzten Restaurant –, wie perfekt und undurchschaubar Frauen ihren Männern einen Super-Höhepunkt vorstöhnen können.

Frauen wollen mit dieser kleinen Lüge eigentlich – und dies ganz instinktiv – nichts anderes, als ihren Liebsten nicht zu enttäuschen. Sie wollen ihn nicht verletzen, ihm vor allem nicht das Gefühl geben, versagt zu haben. Es ist ihm doch so wichtig, dass er sie zufriedenstellen konnte, denn instinktiv weiß er, dass er dann alles für eine erfolgreiche Befruchtung getan hat und so das absolute Favoritenmännchen bleibt.

Aber auch *frau* möchte erfolgreich und „funktionstüchtig" erscheinen. Die Orgasmus-Lüge ist deshalb zu einem nicht unerheblichen Teil auch Ausdruck von Egoismus und Selbstschutz. Wir Frauen wissen, dass Sex auch ohne Orgasmus schön ist, trotzdem fühlen auch wir uns automatisch ein bisschen wie kleine Versagerinnen, wenn „es" nicht geklappt hat.

Eine rationale Erklärung für den weiblichen Orgasmus gab es – bis zu dem erwähnten Film der englischen Forscher – für mich nicht. Seit den Aufnahmen vom Innenleben der Frau ist nun jedoch ganz offensichtlich, wie wichtig der Orgasmus für die Fortpflanzung ist und dass sich die Natur bei dieser „Erfindung" etwas gedacht hat. Durch das Einsaugen haben die Samenfäden eine viel größere Chance, rechtzeitig auf eine Eizelle zu treffen, um diese zu befruchten. Sie sparen sich jede Menge Zeit, Weg und Energie, die sie ohne diese Hilfe hätten mehr aufwenden müssen.

Die Befruchtung gelingt nicht nur mit dem weiblichen

Höhepunkt, sonst wären alle Kinder Orgasmuskinder. Aber der Erfolg wird mit ihm wesentlich wahrscheinlicher!

Was mich persönlich noch viel mehr fasziniert als die rein physiologischen Abläufe beim Geschlechtsverkehr und dem männlichen wie weiblichen Höhepunkt, sind unsere Gefühlswelt und unsere Verhaltensweisen, die durch die schlauen natürlichen Mechanismen beeinflusst, ja sogar geleitet werden.

„Schatzi, bist du gekommen?"

Nun erkennen wir den natürlichen Grund dieser Frage und wissen, warum die positive Antwort den Mann stolz macht, als hätte er gerade ein Mammut erlegt.

„Ja, Schatz", lautet die (dann und wann) zart gehauchte Lüge.

Der Mann soll schließlich ein Held bleiben und frau bestätigt ihre Fruchtbarkeit. So behält jeder seine, von der Natur zugewiesene Rolle.

Moral – back to the roots

Mit der Erfindung der Antibabypille in den 1960er Jahren änderten sich die Moralvorstellungen in Deutschland drastisch. Schlagworte wie *Free Love* und *Wer zweimal mit der Gleichen pennt, gehört schon zum Establishment* läuteten die große Wende ein.

Frauen wurden unabhängiger, nicht nur sexuell. Sie erlernten Berufe, studierten und waren jetzt in der Lage, ganz allein für sich und ihren Unterhalt zu sorgen. Nicht nur die Kirche und ihre Moralvorstellungen verloren ihren Einfluss, auch die Rolle des Mannes als alleiniger Ernährer veränderte sich gravierend. Die Emanzipation war nicht mehr aufzuhalten. Nach und nach wurde öffentlich gelebt, was der Mensch schon immer im Geheimen getan hatte: Man (und frau) wechselte die Partner.

Ehescheidungen, bis weit nach dem 2. Weltkrieg vor allem für Frauen noch mit einem Makel verbunden, verloren im Laufe der nächsten Jahre ihren Schrecken. Heute wird fast jede zweite Ehe geschieden. Mehr als einmal zu heiraten gehört im 21. Jahrhundert zum Alltag. Patchwork-Familien lösen langsam, aber sicher die traditionellen Familien ab. Inzwischen schnitzen sich nicht nur die Männer Kerben für jede Eroberung in die Pistolenknäufe, sondern ganz selbstverständlich auch die Damen.

Im Prinzip gehen wir mit diesem Verhalten wieder „back to the roots", also zurück zu unseren Wurzeln. Und vor allem die Frauen in den Industrienationen tun es. Sie leben immer mehr ihren naturgegebenen Trieb aus und müssen nicht mehr fürchten, dafür verachtet und aus der Gesellschaft ausgestoßen zu werden.

Im Sinne der Natur haben nicht nur Männer, sondern auch Frauen eine ganz klare, unmissverständliche Aufgabe: Sie sollen Kinder bekommen. So viel, so gesund und so stark wie nur möglich – Punkt.

Aufgrund seiner Wichtigkeit und Brisanz ist dieser elementare Auftrag mit den mächtigsten und schönsten Gefühlen belegt, die wir empfinden können: Liebe und Verliebtsein. Aber auch mit den schmerzlichsten und grausamsten: Eifersucht, Verlustangst und Traurigkeit.

Um Kinder zu zeugen, bedarf es der Paarung.
Um viele Kinder zu zeugen, bedarf es häufiger Paarung.
Um überlebensfähige Nachkommen zu zeugen, bedarf es der Paarung mit starken … **und am besten auch mit unterschiedlichen Partnern – vor allem, wenn der aktuelle Schwächen zeigt!**

Wir wollen offen lassen, welche Religion irgendwann einmal bestimmt hat, dass Frau und Mann ein Leben lang zusammengehören.

Wir wollen nicht weiter vertiefen, warum die Monogamie mit der Viehzucht und dem Ackerbau aufkam und welche Absichten dahinterstanden. Wir wollen offenlassen, wann die Menschen begannen, Teile ihrer Triebe zu unterdrücken und welchen Sinn das für wen hat.

Wir wollen allerdings feststellen, dass für die meisten Menschen in unserer westlichen, christlich geprägten Gesellschaft Treue für eine funktionierende Partnerschaft unabdingbar ist.

Noch kurz erwähnt sei, dass auf manchen „nicht christlich missionierten" Südseeinseln die ewige Treue etwas völlig Unbekanntes ist. Dort kennt man zwar auch die Hochzeit, doch beide Partner haben gleichermaßen das Recht, sich zur Erntezeit mit einem anderen Partner zu vergnügen – und Erntezeit ist dort fast das ganze Jahr!

Die Schutzmechanismen der Evolution

Die Evolution hat uns im Laufe der Zeit mit vielen unterschiedlichen Schutzmechanismen ausgerüstet, auch die Reflexe gehören dazu. Jeder kennt sie, aber niemand beachtet sie wirklich. Sie werden nicht von unserem Bewusstsein gesteuert. Wenn es zum Beispiel unmittelbar neben uns knallt und wir uns zu Tode erschrecken, werden zahlreiche Schutzmechanismen automatisch ausgelöst.

Einer der prägnantesten ist der Fluchttrieb. Er wurde schon aktiv, als der Jäger in der Steppe einem Säbelzahntiger begegnete. Noch heute passiert biochemisch genau dasselbe, wenn neben uns ein Auto eine knallende Fehlzündung hat. Wenn Sie sich erschrecken, schießt Adrenalin und Cortisol ins Blut. Der Hormoncocktail, der jetzt durch Ihre Adern fließt, steigert Ihre Herzfrequenz, sorgt für bessere Durchblutung der Muskulatur und somit verbesserte Leistungsfähigkeit. Die Lungen werden belüftet und die Verdauung eingestellt. Die Hände schnellen über den Kopf, um ihn zu schützen. Die Beine zucken und machen sich zur Flucht bereit. Das Schmerzempfinden wird kurzzeitig ausgeschaltet und unglaubliche Kräfte freigesetzt. In diesem Zustand laufen wir Rekordzeiten und könnten es kräftemäßig mit einem Bären aufnehmen. Erkennt das Gehirn nun, dass doch keine Gefahr besteht, wird alles wieder rückgängig gemacht. Die überschüssigen Hormone werden abgebaut, die Herzfrequenz normalisiert sich wieder. All dies geschieht nicht über den Verstand, es handelt sich vielmehr um vollautomatische Reflexe. Wenn Sie mit der Hand über ein Brett streichen und dabei die unangenehme Bekanntschaft mit einem Splitter machen, wird der stechende Schmerz sofort –

ohne Umweg über das Gehirn – an das Rückenmark weitergeleitet. Sie ziehen die Hand zurück, ob Sie nun wollen oder nicht.

Im Grunde nutzt es nicht viel, wenn man weiß, dass es der Fluchtreflex ist, der die Ausschüttung von Adrenalin, Noradrenalin, Cortisol, Corticosteron und, und, und bewirkt. Aber es ist wichtig zu wissen, dass der Fluchtreflex dazu da ist, unser Leben zu schützen. Dass die Natur uns damit ausgestattet hat, damit wir nicht wegen zu langen Nachdenkens, ob wir nun fliehen sollen oder nicht, am Ende doch von einem Säbelzahntiger gefressen werden.

Bleiben wir bei den Sexualtrieben, vor allem dem weiblichen. Hier hat der Körper eine Anzahl von Mechanismen eingerichtet, um das Optimum herauszuholen – und für die Natur ist, wie wir bereits wissen, das Optimum die erfolgreiche Fortpflanzung und die Zeugung starker, überlebensfähiger Nachkommen.

Betrachten wir den Körper der Frau als Ganzes. Die äußeren sexuellen Reize, die für die Fortpflanzung ausschlaggebend sind, wurden schon hinreichend beschrieben. Auch die Reize des Mannes, auf die frau hormonell reagiert. Kommen wir nun aber zu der wichtigsten aller Fragen, nämlich warum die Leidenschaft und somit das sexuelle Interesse der Frau an ihrem Mann irgendwann nachlässt. Nähme das sexuelle Interesse lediglich ab und pendelte es sich auf einen gewissen Level ein, dann hätte ich dieses Buch niemals geschrieben. Aber die Lust wird nicht nur schwächer, sondern sie stirbt meist eines Tages ganz. Viele Frauen sprechen in diesem Zusammenhang von einer regelrechten Sperre, die sie immer dann spüren, wenn der langjährige Partner zärtlich werden möchte.

Die Sperre

Kein Mann kann sich wirklich vorstellen, was in diesem Moment in seiner Frau vorgeht, wenn er Sex möchte und sie nicht. Es geht nicht um eine momentane Unlust, sondern um die totale Verweigerung, um eine mächtige, fast unüberwindbare Mauer. Das Gefühl, das Frauen dann empfinden, habe ich meinem Mann einmal so beschrieben:

Stell dir vor, du stehst am Rande einer Klippe und dein Leben hängt davon ab, dass du hinunterspringst. Weit unter dir siehst du Wellen, die sich an der Felswand brechen. Eine Stimme sagt dir: „Spring ... jetzt!" Du willst unbedingt springen, aber du kannst es einfach nicht ..."

Gehen wir einmal vom Idealfall aus. Ich meine damit eine funktionierende Partnerschaft, in der ein gewisses Maß an Harmonie und Verständnis herrscht. Nehmen wir wieder stellvertretend unser Ehepaar Heiko und Sabine. Stellvertretend für die vielen Geschichten, die ich im Laufe der Jahre zu hören bekam und die einander so sehr glichen.

Die ersten Monate ihres Zusammenseins sind für Heiko und Sabine erfüllt von Verliebtheit, von Lust auf- und Leidenschaft miteinander. Nun ist Routine in die Beziehung eingekehrt. Heiko und Sabine schlafen nicht mehr so häufig miteinander. Keiner hat ein Problem damit. Sie genießen ihre Zweisamkeit, das Kuscheln und dann Zusammeneinschlafen im Bett. Wenn sie Lust aufeinander verspüren, dann hat die große Leidenschaft ein warmes Gefühl der Vertrautheit ersetzt.

Zwei Jahre später haben sie erfolgreich den einen oder anderen Beziehungsstreit überwunden. Nun kommt es immer öfter vor, dass Sabine überhaupt keine Lust hat, mit ihrem Mann zu schlafen. An manchen Tagen wollen selbst seine wunderbar zärtlichen Berührungen keine sexuelle Erregung auslösen. Sabine erklärt es mit Müdigkeit, dem Alltagsstress, dem letzten Streit, der Migräne oder ihrer Periode.

Heiko wird immer unzufriedener mit dieser Situation. Er vermisst seine leidenschaftliche und immer bereite Frau. Für ihn gehören Liebe und Leidenschaft untrennbar zusammen. Die Abstände zwischen den erotischen Nächten sind ihm viel zu groß geworden. Auch vermisst er die spontanen Momente, prickelnde „Quickies" gab es schon lange nicht mehr.

Wieder einmal hat Sabine keinerlei Lust auf Sex, und das schon seit gut einer Woche. Heiko akzeptiert das grummelnd. Zwei Tage später bekommt Sabine ihre Periode – eine natürliche Auszeit für die nächsten fünf, sechs Tage. Kurz bevor die Blutung für diesen Monat vorüber ist, wird Sabine krank. Eine schwere Grippe fesselt sie für die nächsten sieben Tage ans Bett. Eine weitere Woche braucht sie, um sich vollständig zu erholen. Dann bricht eine Krankheit bei ihrem Zweijährigen aus. Sieben durchwachte Nächte folgen. In dieser Zeit steckt sich nun auch noch Heiko an. Acht Tage geht es ihm richtig schlecht und an Liebemachen ist nicht zu denken.

Fazit: 44 Tage ohne Sex. Sabine stellt überrascht fest, dass ihr nichts fehlt. Im Gegenteil, ihr geht es sogar richtig gut! Kein schlechtes Gewissen, kein grummelnder Ehemann, kein Stress und kein Frust.

Als Heiko wieder gesund wird, ist sein Verlangen riesengroß. Überzeugt davon, dass es seiner Frau nicht anders gehen kann, drückt er sich eines Nachts an ihren warmen Körper. *Eineinhalb Monate, Schatzi, ich habe Lust auf dich*, haucht er ihr zärtlich ins Ohr. Seine Hände umfassen ihre Brüste, wandern tiefer. Sabine schließt die Augen. Völlig irrwitzige Gedanken jagen durch ihren Kopf, Gedanken wie: *Nun ist es vorbei mit der Ruhe … Jetzt geht es wieder los … Warum habe ich eigentlich keine Lust?*

Es ist doch so lange her … Ich bin müde … Das Wohnzimmer sollte wieder einmal renoviert werden … Mein Gott, wenn du so einen Mist denkst, dann wird die Lust niemals kommen! Los, entspann dich, er ist doch so zärtlich … Du liebst ihn doch, mach ihn glücklich … Hat nicht gerade Kevin geschrien?

Diesen letzten Gedanken spricht sie aus: *Hat da nicht gerade Kevin geweint?* Bevor sie es verhindern kann, erstarrt Heiko in seiner Bewegung. Er horcht kurz auf, aber er weiß, dass niemand geschrien hat. Im Kinderzimmer ist es völlig ruhig, sein Sohn schläft friedlich in seinem Bettchen. Die Stimmung ist fast weg, aber Heiko gibt noch nicht auf. *Über 40 Tage,* denkt er, *ich bin geil und Sabine muss es doch auch sein.*

Dass dies eben nicht so ist, spürt er überdeutlich, als seine Hände zwischen ihren Beinen ankommen. Nichts regt sich, alles trocken. Er streichelt sie dort zärtlich, aber die gewünschte und früher so gewohnte Reaktion bleibt aus. *Mein Gott, 44 Tage und sie hat nicht die geringste Lust auf mich! Was ist los, mache ich irgendetwas falsch? Früher brauchte ich sie nur zu küssen und sie fiel über mich her. Heute fahre ich das ganze Programm und trotzdem passiert überhaupt nichts. Ist ihr mein Schwanz zu klein? Hat sie einen anderen Mann kennengelernt?*

Nun ist die Stimmung endgültig dahin. Heiko dreht sich bitter enttäuscht auf die Seite. Sabine bleibt auf dem Rücken liegen. Sie kann es selbst nicht verstehen. Ihr unerträglich schlechtes Gewissen meldet sich, hämmert in ihrem Gehirn und scheint zu brüllen: *Mein Gott, kannst du nicht einmal abschalten? Was machst du eigentlich? Du hast deinen Mann enttäuscht. Wenn du schon frigide geworden bist, dann tu doch wenigstens so, als ob … Spiel ihm etwas vor, eine Frau kann das doch!*

Ihre Hände wandern an Heikos Rücken hinunter. Tränen des Mitleids quellen aus ihren Augen. *Hey, Schatz, was ist los. Komm, dreh dich um, bitte! Sei nicht böse, ich dach-*

te wirklich, Kevin habe geweint. So sind wir Mütter eben, immer mit einem Ohr im Kinderzimmer.

Heiko dreht sich seufzend um. Ihre Hände streicheln seine Brust, wandern nach unten. Schnell ist Heikos Lust wieder geweckt. Sabine küsst seinen Bauchnabel, wandert mit den Lippen immer weiter hinunter. Komisch, denkt sie noch, früher habe ich das gerne getan, jetzt kostet es mich regelrecht Überwindung. Die Finger ihrer rechten Hand wandern unauffällig in ihren Mund und dann schnell zwischen ihre Beine. Die Stelle wird nicht von allein feucht, also hilft sie ein wenig nach. Noch bevor Heiko sie dort wieder berühren kann, rutscht Sabine an ihm hoch, küsst ihn leidenschaftlich und führt sein erigiertes Glied ein. Jetzt kann auch sie den Sex genießen.

Danach liegt sie noch lange grübelnd wach. *Sex mit Heiko ist noch immer wunderschön, aber warum habe ich keine Lust mehr auf ihn? Gott sei Dank hat es heute noch geklappt. Nicht auszudenken, wenn Heiko nach so langer Zeit wieder ohne Sex hätte einschlafen müssen … Das nächste Mal werde ich die Initiative ergreifen. Ich werde ihn nach allen Regeln der Kunst verführen. Wäre doch gelacht, wenn nicht alles wieder so werden würde wie früher. Heiko ist ein toller Ehemann, ein zärtlicher Vater und ein phantastischer Liebhaber. Ich möchte mit ihm alt werden und mit keinem anderen.* Mit diesen Gedanken schläft sie schließlich ein.

Doch es bleibt bei den guten Vorsätzen. Sabine empfindet auch danach einfach kein Verlangen mehr nach ihrem Mann. Ganz im Gegenteil. Es scheint eine unüberwindbare Sperre errichtet worden zu sein. Ihre Gedanken schreien: *Ja, ich will meinen Mann!*, aber ihr Körper ist ein einziges, riesiges *NEIN!* Dieser Widerspruch macht sie an manchen Tagen halb wahnsinnig. Nachts träumt sie oft von anderen Männern. Das erschreckt sie noch viel mehr, denn in diesen Träumen kehren die leidenschaftlichen Gefühle zurück, die im wirklichen Leben verschwunden bleiben. Sie fragt sich, ob sie ihren Mann wirklich liebt, aber sie kann diese Frage nur mit einem klaren Ja beantworten. Warum aber träumt sie dann manchmal von Sex mit anderen Männern? Das schlechte Gewissen verstärkt sich zusehends, obwohl sie weiß, dass sie Heiko niemals betrügen würde. Trotzdem fühlt sie sich schuldig.

Sabine geht zu einem Arzt. Sie überwindet ihre Hemmungen und schildert dem Gynäkologen ihr Problem. Körperlich kann er nichts feststellen, er rät ihr, mit einem Therapeuten zu sprechen.

Sabine ist einerseits beruhigt, dass es keine körperlichen Ursachen zu geben scheint, andererseits fragt sie sich nun, was in ihrem Leben passiert sein könnte, dass sie kein körperliches Interesse mehr an ihrem Mann hat.

Zu einem Therapeuten geht sie dann doch nicht. Sie weiß einfach, dass die Wurzeln nicht in ihrer Psyche zu suchen sind. Sonst hätte sie mit Sicherheit noch nie Freude am Sex gehabt. Aber so war es ja nicht, ganz im Gegenteil. So erzählt sie Heiko von dem Arztbesuch.

Heiko spürt, dass es tatsächlich nicht an ihm liegt. Im Grunde seines Herzens weiß er, dass seine Frau ihn wirklich liebt. Nun fühlt auch er sich schuldig, weil er Sabine unter Druck setzt, aber er kann den Gedanken einfach nicht ertragen, ohne seine leidenschaftliche Frau leben zu müssen. Er braucht die körperliche Nähe, braucht den Sex mit ihr. Für ihn ist dies ein ganz wichtiger Faktor in der Beziehung und er fühlt sich zurückgewiesen, minderwertig, ungeliebt, auch wenn ihm sein Verstand das Gegenteil sagt. Zusammen versuchen Heiko und Sabine, eine Lösung zu finden. Eines Abends bringt Heiko einen erotischen Film mit nach Hause. Gemeinsam schauen sie sich den Streifen an. Und tatsächlich. Sabine lässt sich davon stimulieren. Ihre Erregung stellt sich wie in alten Zeiten ein. Als die beiden übereinander herfallen, ist die vertraute Leidenschaft zurück. Der Gedanke, einen Film zu Hilfe zu nehmen, belastet beide nur wenig. Sabine ist glücklich über die Wiederkehr der vermissten Gefühle und Heiko fühlt sich seit Langem wieder begehrt. Mit dem kleinen Helferlein rettet sich das Paar über die nächsten Monate.

Alle paar Tage bringt Heiko auf dem Nachhauseweg einen Film mit. Irgendwann beginnt Sabine sich bei dem Gedanken zu erwischen, dass sie sich doch ein bisschen benutzt fühlt. Sie schüttelt das aber schnell wieder ab, drängt die leisen Vorwürfe in die Tiefen ihres Gehirns zurück. Doch immer öfter finden sie den Weg an die Oberfläche. Sabine beginnt, auf die Uhr zu schauen, wenn ihr Mann nach Hause kommt. Ist er wieder in der Videothek gewesen oder kommt er heute pünktlich ohne Pornofilm nach Hause. Sie beginnt, die Abende zu lieben, an denen Heiko mit leeren Händen heimkehrt. und die zu hassen, an denen Heiko mit einem Film in der Aktentasche nach Hause kommt. Es passiert nun auch immer öfter, dass Sabine die Pornos blöd und manchmal, je nach Streifen, sogar ekelig findet.

Die Sperre ist wieder da und Sabine beginnt erneut, ihre Periode herbeizusehnen …

Tatsächlich lassen sich Paare sehr viel einfallen, um die Erotik zurück in ihre Beziehung zu bringen. Die Pornofilme bei unserem Ehepaar stehen stellvertretend für Kamasutra-Bücher, Beate Uhses Sexspielzeug, Erotikwäsche etc. und für all die Swinger-Clubs, die voll von Paaren sind, die einen Ausweg aus der Erotik-Flaute suchen. Wahr ist leider auch: Das gesamte Rotlicht-Milieu lebt primär von frustrierten Ehemännern, die ihren Trieb bei anderen Frauen befriedigen. Ich habe im Zuge meiner Recherche Prostituierte gefragt, welches die Geschichten sind, die verheiratete Männer zu ihnen treiben. Wie schon vermutet, erzählen die Freier meist von der fehlenden Leidenschaft im Ehebett. Sie fühlen sich von ihren eigenen Frauen zurückgewiesen und ungeliebt. In einer Stadt am Bodensee wurde ein Bordell direkt neben einer großen Firma eröffnet. Dass es in der Mittagspause den meisten Umsatz zu verzeichnen hat, spricht Bände. Nach Feierabend bräuchte jeder liierte Besucher eine hieb- und stichfeste Überstunden-Ausrede.

Frustrierte Ehemänner, leidenschaftslose Ehefrauen – was hat sich die Natur dabei gedacht?

Ich denke, Sie haben verstanden, dass in der Natur nichts einfach nur so geschieht. Alles hat seine Begründung. Zur Verdeutlichung noch ein paar Beispiele:

Wenn in einem Löwenrudel das dominante Männchen von einem stärkeren Löwen im Kampf vertrieben wird, so sorgt in diesem Moment die Natur dafür, dass das aktuell stärkste Männchen seine Gene weitergeben wird. Die Natur treibt diesen Mechanismus noch auf die Spitze, indem sie den neuen Haremsbesitzer triebgesteuert alle Jungtiere, die noch von dem vorherigen Männchen abstammen, töten lässt. Da die Löwinnen nun kinderlos sind, werden in ihren Körpern die Fortpflanzungshormone sofort wieder verstärkt ausgeschüttet. Die Löwinnen sind erneut zur Paarung bereit, der stärkere Löwe kann sie nun befruchten und seine eigenen Jungen zeugen.

Für uns Menschen und unseren „zivilisierten" Verstand erscheint das sehr grausam, für die Natur nicht. Sie möchte möglichst starke und überlebensfähige Spezies produzieren. Einzig aus diesem Grund wird der Trieb, die fremden Jungen zu töten, beim Löwenmännchen ausgelöst. Wurde die Löwin kurz vor dem Kampf noch vom alten, dominanten Löwen besprungen – und geschah nun dasselbe mit dem neuen Männchen, dann töten dessen Samen die noch vorhandenen Spermien der vorangegangenen Befruchtung ab. Ebensolche Killerspermien gibt es, wie schon erwähnt, auch im Ejakulat der „Menschen-Männchen".

Auch die Männchen bei Gorillas und einigen anderen Affenarten, die die Führung in einem Verband neu übernehmen, töten einen Großteil der Jungtiere, die kurz nach der „Machtübernahme" geboren wurden.

All dies ist grausam, aber zugleich faszinierend. Nichts, aber auch gar nichts wird in der Natur dem Zufall überlassen.

Nun ist das instinktive Verhalten von Tieren nicht eins zu eins auf uns Menschen übertragbar, aber es gibt – oft unheimliche – Parallelen. So werden auch die Kinder des Homo sapiens eher von einem Stiefelternteil verletzt als von den leiblichen Eltern. Bei einem Indianerstamm in Paraguay sterben zum Beispiel fast 50 Prozent der Stiefkinder vor Erreichen des 15. Lebensjahres, jedoch nicht einmal 20 Prozent der Kinder, die von ihren leiblichen Eltern aufgezogen werden. Studien über Kindesmisshandlungen im heutigen Nordamerika zeigen, dass Misshandlungen mit Todesfolge hundertmal wahrscheinlicher bei Stiefkindern vorkommen – mit einem Stiefelternteil als Täter. Nachzulesen ist dies im Buch von William F. Allman *Mammutjäger in der Metro*, das ich Ihnen wärmstens empfehlen kann, wenn Sie sich tiefer in das Gebiet der menschlichen Evolutionspsychologie einarbeiten wollen.

Wie bereits weiter oben erwähnt, existierte die Monogamie nicht, als wir noch in kleinen Sippen und Verbänden lebten. Es gab in jedem Verband ein starkes Männchen, das die Weibchen begattete. Der Unterschied zu unserem Löwenrudel: Dieses Vorrecht des Nachwuchszeugens verlor das Männchen ganz automatisch, da es für das Überleben der menschlichen Spezies bitter nötig war, dass die empfindlichen Gene nicht durch Inzucht Schaden nahmen. In so kleinen Verbänden aber wäre irgendwann jeder mit jedem verwandt gewesen, und zwar im ersten Grad. Die Spezies Mensch wäre auf diese Weise garantiert ausgestorben. Um das zu verhindern, baute die Natur einen cleveren Schutzmechanismus bei den Weibchen ein.

Die natürlichen Gründe – ihr Schutzmechanismus

Jeder Trieb hat einen Auftrag:
- Der Nahrungstrieb sorgt dafür, dass wir essen;
- Der Selbsterhaltungstrieb sorgt für unser Überleben;
- Der Nestbautrieb lässt uns Häuser und Unterkünfte bauen;
- Der Fortpflanzungstrieb sorgt dafür, dass wir Nachwuchs produzieren.

Dieser wichtigste aller Triebe hat bei allen Männchen und Weibchen zwar dasselbe Ziel, aber sehr unterschiedliche Aufträge.

Der Fortpflanzungstrieb des Mannes sagt: *Vermehre dich, sooft du kannst. Streue deinen Samen und somit deine Gene in viele Richtungen. Zeuge im Laufe deines Lebens so viel Nachwuchs wie möglich (aber stecke deine Energie nur in den eigenen).*

Hier erklärt sich, warum ein Harem immer aus einem Mann und vielen Frauen besteht und nicht umgekehrt. Frauen können in ihrem Leben nur eine geringe Anzahl Kinder gebären, Männer (theoretisch) unendlich viele zeugen. Ein Mann bleibt bis ins hohe Alter fruchtbar, die Frau dagegen nicht. Deshalb muss sie eine genaue Väter-Auswahl treffen. Im 21. Jahrhundert beenden meist die Wechseljahre die weibliche Fruchtbarkeit, bei den Urfrauen war es in der Regel der Tod. Unsere Vorfahrinnen wurden erst gar nicht so alt, als dass sie das Klimakterium erreichten. Ihr Leben war hart. Spätestens alle zwei bis drei Jahre gebaren sie ein Kind, das Nahrungsangebot war nicht im Entferntesten so gut wie heute, es gab weder Arznei- noch Verhütungsmittel. Jede Geburt war kräftezehrend und zudem lebensgefährlich. Von der Evolution sind die Wechseljahre ursprünglich genauso wenig vorgesehen wie die monatliche Menstruation. Die Urfrau war entweder schwanger oder sie stillte ein Baby. Beides verhindert hormonell einen Eisprung und somit die Monatsblutung. Solange die Urmutter ihr Kind stillte, wäre sie auch kaum in der Lage gewesen, ein zweites zu versorgen. Um die Überlebenschancen des Babys zu optimieren, sorgt also die Natur für diese unfruchtbaren Zeiten. Erst wenn das Kind nicht mehr abhängig von der Muttermilch war und somit von der Gruppe mitversorgt werden konnte, wurde unsere Urfrau wieder paarungsbereit.

Ob sie jedoch hormonell auf denselben Vater reagierte, hing allerdings von mehreren Faktoren ab, denn *ihr* Trieb fragt:

– Erfüllt er (weiterhin) die Kriterien eines starken Genträgers?
– Ist er (weiterhin) dein „Alphatier"?
– Wenn nicht, dann suche dir einen anderen Jäger mit starken Genen!
– Und der Schutzmechanismus ergänzt: Damit ist auch das Risiko der Inzucht gebannt. Unterschiedliche Väter bedeuten weniger Gefahr, dass sich in der nächsten Generation Verwandte ersten Grades paaren.

Heute wie in Urzeiten wird die Paarungsbereitschaft auf natürlichem Weg gesteuert und von unterschiedlichen Hormonen reguliert. Erfüllt der Jäger nicht mehr die vorgegebenen Kriterien, ist er als Alphatier gar abgelöst, wird ein anderes starkes Männchen ihr Favorit. Die Hormone kommen wieder in Wallung, Verliebtheitsgefühle werden ausgelöst, die Lust auf Paarung explodiert förmlich.

Fazit: Die Frau reagiert sexuell vor allem dann nicht mehr auf sexuelle Signale, wenn ihr einstiges Favoritenmännchen deutliche Schwächen zeigt. Und wieder geschieht das gemäß der Devise:

ZEUGE DEINE KINDER MIT STARKEN MÄNNERN, DIE STARKE GENE WEITERGEBEN.

Zurück in unsere Zeit

Jede Frau, die schon einmal fremdgegangen ist oder sich während ihrer langjährigen Beziehung auch „nur" in einen anderen Mann verliebt hat, kennt diese hormonelle Explosion in ihrem Körper. Die Gefühle fahren Karussell, der Wunsch, mit dem anderen Mann zu schlafen, wird übermächtig. Der Sex, wenn er dann tatsächlich stattfindet, ist grandios. Auch wenn *frau* ihren langjährigen Partner liebt, der Sex mit ihm ist mit dem des neuen Geliebten nicht zu vergleichen. Selbst dann nicht, wenn der Neue nicht einmal halb so viele Techniken beherrscht, denn ausschlaggebend sind die „Schmetterlinge".

Der Verstand hebt vorwurfsvoll den moralischen Zeigefinger. Er möchte nicht, dass wir fremdgehen, schließlich ist es verwerflich, eine Sünde, unmoralisch, verlogen, verachtenswert. Der Körper aber schreit regelrecht danach. Der Hormoncocktail, der jetzt ausgeschüttet wird, macht süchtig und untergräbt die Moral (den Verstand). Die uralte mächtige Programmierung versucht, zu ihrem Recht zu kommen: Es sollen viele überlebensfähige Nachkommen mit vielen unterschiedlichen und vor allem starken Männern gezeugt werden. Frauen, die die moralische Hemmschwelle einmal überwunden haben und schließlich fremdgehen, tun es nicht selten immer wieder. Sie sind wie Fallschirmspringer, die süchtig nach dem beim Sprung ausgeschütteten Adrenalin werden. Die körpereigenen Hormone wirken wie Drogen. Die Frau wird nun von ihrem Trieb geleitet, der keine Moral und keine Monogamie kennt, sondern lediglich das Gebot effektiver Fortpflanzung, die von der Evolution absichtlich mit starken Gefühlen belegt wurde.

Wo aber sind dieselben Hormone beim Beischlaf mit dem eigenen Mann oder Partner? Warum kocht hier das

Blut nicht (mehr)? Weshalb wird Sex hier eher zu einer Pflicht, die vom Verantwortungsgefühl vorgegeben wird? Wo sind die leidenschaftlichen Gefühle geblieben, die doch am Anfang der Partnerschaft in gleichem Maße vorhanden waren wie jetzt beim Zusammentreffen mit dem Liebhaber?

Nun, die Natur hat einen Riegel davor geschoben!

Sie möchte schlicht und ergreifend nicht, dass wir unseren gesamten Nachwuchs mit demselben Partner zeugen, vor allem dann nicht, wenn wir nur noch seine Schwächen sehen. Nicht mehr und nicht weniger. Welches Dilemma, welche Krisen damit ausgelöst werden, ist der Evolution egal. Ihr wichtigster Auftrag ist die effektive Vermehrung und somit Erhaltung der Art.

Zwei Jahre – dies war genau die Stillzeit unserer Vorfahren.

Zwei Jahre – dann konnte die Urfrau erneut ein Kind austragen.

Zwei Jahre – von diesem Zeitraum sprachen die meisten von mir interviewten Paare.

Nach zwei Jahren Beziehung war die Leidenschaft erloschen. Nach zwei Jahren baute sich bei den Frauen die besagte Sperre auf. Diese Mauer, die zu verhindern versucht, dass man mit dem eigenen Partner schläft. Allerdings schaltet sie nach ca. zwei Jahren die Hormone auch bei den Frauen ab, die noch gar keine Kinder geboren haben.

Für diesen Leidenschafts-Stopp gibt es eine Bezeichnung. Eine der befragten Frauen, die ich sehr gut kenne, war mit ihrem Problem bei einer Therapeutin. Diese diagnostizierte bei ihr eine *inzestuöse Hemmung*.

Inzestuöse Hemmung

Welch kleines Wort für ein riesiges Volksproblem. Welch lapidare Bezeichnung für die Ursache von unendlich vielen Streitigkeiten, von schlechtem Gewissen, Zermürbungen, Zerrüttungen und Minderwertigkeitsgefühlen. Im wissenschaftlichen Kontext besagt der Terminus nichts anderes, als dass der weibliche Körper den des vertrauten Mannes *wie den eines Bruders* betrachtet.

Jeder, der mit Geschwistern aufwächst, weiß, dass man sich zu diesen sexuell nicht hingezogen fühlt. Dies ist ein weiterer Schutzmechanismus, mit dem die Natur erfolgreich Inzucht verhindert. Im Kontakt zwischen Geschwistern werden die Fortpflanzungshormone nicht aktiviert. Mag der große Bruder noch so hübsch und gut gebaut sein, seine Schwester wird nicht das Bedürfnis verspüren, mit ihm zu schlafen. Natürlich gibt es auch hier, wie überall, Ausnahmen. Ich möchte aber lieber bei der Regel bleiben. Und in der Regel haben Geschwister keinen Sex miteinander, sie kommen nicht einmal auf die Idee – Doktorspielchen in der Kindheit wollen wir hier nicht dazuzählen.

In Zoos ist dieses Phänomen bekannt. Flusspferde beispielsweise, die keine Geschwister sind, die aber von klein auf miteinander aufwachsen, paaren sich nur höchst selten. Sie müssen durch andere Tiere ausgetauscht werden, wenn sie weiter gezüchtet werden sollen.

Wie kommt es aber, dass diese inzestuöse Hemmung eines Tages auf sexuell aktive Paare übergreift?

Man liebt den Partner nach wie vor, möchte so gerne mit ihm alt werden, seine Kinder großziehen und Enkelkinder haben, aber der Organismus reagiert auf ihn wie auf einen Bruder – mit sexuellem Stillschweigen. Was für ein Dilemma! Unsere geistige Fortentwicklung ist an der Natur schlichtweg vorbeigegangen. Sie geht noch immer davon aus, dass wir in kleinen Sippen und Verbänden leben. Für sie besteht nach wie vor die größte Gefahr für die Spezies Mensch in deren Ausrottung durch „schwache Gene". Bis die Evolution sich den neuen Gegebenheiten anpasst, bis sie „erkennt", dass wir diesen Schutzmechanismus nicht mehr brauchen, werden noch viele hunderttausend Jahre ins Land gehen, denn die Evolution ist sehr langsam und trennt sich nur sehr zögerlich von erfolgreich entwickelten Strategien. Wäre sie schneller, hätten Menschen in den Industrieländern zum Beispiel keine Fettzellen mehr, weil hier keine Hungersnöte mehr herrschen. Die Form unseres Rückgrates und die des Hinterns wären bereits dem Schreibtischstuhl angepasst, um die ausgedehnten sitzenden Tätigkeiten besser zu verkraften. Und alle Australier hätten längst eine genauso dunkle Hautfarbe wie die Ureinwohner dieses Kontinents.

Wäre die Evolution schneller, dann würden Frauen ein Leben lang die Lust auf ihre Ehemänner behalten, denn die Gefahr von Inzucht ist bei den heutigen Menschenmassen und der vielfältigen Partnerauswahl überhaupt nicht mehr gegeben!

Aber die Evolution ist nun mal nicht schnell. Bewährte Mechanismen nur langsam zu verändern, hat sich über Millionen Jahre bewährt, dadurch gediehen und überlebten eine Fülle von Arten in Flora und Fauna. Warum also diese erfolgreiche Methode verändern? Nur weil wir – nach gesamtevolutionärer Zeitrechnung lediglich seit einem Wimpernschlag – nicht mehr in kleinen Verbänden leben, nicht mehr ständig Gefahren und widrigen Lebensbedingungen ausgesetzt sind? Nur weil wir kraft unseres Verstandes die Monogamie eingeführt haben und es als unmoralisch gilt, wenn Frauen mit verschiedenen Männern Kinder zeugen? Nein, wäre die Evolution schneller, dann hätte sie schon längst das Hungergefühl abgeschafft, denn dank unseres Intellektes wissen wir seit langer Zeit, dass wir essen müssen, um nicht zu verhungern. Die evolutionären Schutzmechanismen werden uns erhalten bleiben, soviel ist sicher. Wie lange noch, vermag niemand genau vorauszusagen.

Doch warum verspüren Männer keine inzestuöse Hemmung? Warum bleibt bei ihnen die Lust auf ihre Partnerin bestehen?

Wie gesagt, ein Mann kann viele Kinder zeugen, er kann auch bis ins hohe Alter zeugungsfähig bleiben. Die Frau aber muss eine viel genauere Auswahl treffen. Die Anzahl der Kinder, die sie bekommen kann, ist schließlich begrenzt.

Heute unterdrückt die von Menschen geschaffene Moral den männlichen wie den weiblichen Trieb. Wenn Samen in alle Richtungen gestreut werden und Frauen von unterschiedlichen Männern Kinder bekommen, so geschieht dies deshalb meist im Verborgenen.

Aber es gibt auch Frauen, die ihre Leidenschaft nicht verlieren, die die Lust-Sperre nicht kennen und deren Hormone immerfort auf „ihren Jäger" reagieren. Warum das so ist, werden Sie am Ende des Buches verstehen. Und Sie werden hoffentlich Anregungen bekommen haben, die Ihnen dabei helfen, Ihre partnerschaftliche Situation zu verbessern.

Das Todesurteil?!

Auf den ersten Blick scheint die in den vorangegangenen Kapitel dargelegte Theorie das Todesurteil für die eheliche Erotik zu verkünden. Doch sind wir diesem natürlichen Mechanismus, der mit großer Regelmäßigkeit nach zwei Beziehungsjahren aktiviert wird, wirklich auf Gedeih und Verderb ausgeliefert? Oder gibt es nicht vielleicht eine Möglichkeit, sich ihm zu entziehen? Menschen können auf den Mond fliegen, Krankheiten besiegen und für alles Mögliche Pillen und Pülverchen erfinden. Da müsste es doch auch möglich sein, ein Medikament gegen das Sterben der Lust zu entwickeln? Warum ist noch keines auf dem Markt, wo sich inzwischen schließlich beinahe alles erforschen und biochemisch erklären lässt?

Dazu meine Theorie: Ein Medikament, das gravierend in die Sexualität eingreift, hat ja schon Furore gemacht: *Viagra*. Viagra ist die Rettung für alle Männer, die an Erektionsstörungen leiden und aufgrund dieses Handicaps keinen Sex mehr haben können. Viagra lässt erschlaffte Glieder durch medikamentöse Durchblutungsförderung wieder ihren Mann stehen. Die von der Lust-Sperre betroffenen Frauen „leiden" eigentlich an nichts anderem. Ich jedenfalls würde es als Erektionsstörung bezeichnen, wenn die Berührungen des Partners keine erotische Reaktion mehr hervorruft. Warum also gibt es nicht schon längst Viagra für die Frau?

Dazu meine Vermutung: Schon immer haben Männer in allen Teilen der Erde ein Vermögen für Präparate ausgegeben, die ihre Manneskraft erhalten oder zurückbringen sollen. Die „Herren der Schöpfung" sind bereit, die exotischsten Aphrodisiaka zu schlucken, auch wenn diese aus Tiger- oder Ziegenbockhoden gewonnen werden. Millionen Tiere wurden und werden niedergemetzelt, um ihre

Hörner, Hoden oder andere Körperteile zu geheimnisvollen Pülverchen und Essenzen zu verarbeiten, nur weil man(n) hofft, es könnte seiner Potenz hilfreich sein. Und es handelt sich hierbei nicht um eine Frage von zurückgebliebener Intelligenz oder Naivität, sondern vielmehr von Traditionen. Traditionsbewusste japanische Manager, die Großkonzerne leiten, scheuen sich deshalb auch nicht, auf dem Markt offen allerlei Zauber zur Stärkung ihrer Manneskraft zu erstehen.

Kurz: Männer, die unter Erektionsstörungen leiden, erzählen es zwar nicht in der Weltgeschichte herum, *aber sie gehen zum Arzt.* Der Leidensdruck, zum Beischlaf nicht mehr fähig zu sein, lässt die sonst eigentlich eher arztscheuen Genossen Hilfe in der Medizin suchen. Die Natur hat den männlichen Sexualtrieb wesentlich mächtiger angelegt als den weiblichen. Sex ist für Männer genauso elementar wie das Atmen, denn er könnte (und sollte eigentlich) ja jeden Tag ein Kind zeugen. Die Tatsache, dass sich Männer ärztliche Hilfe holen, rief zwangsläufig die Pharmaindustrie auf den Plan, denn hier gab es schließlich jede Menge Geld zu verdienen. Die Entwicklung von Viagra war eine Sensation, durchaus vergleichbar mit der Erfindung der Antibabypille. In atemberaubender Geschwindigkeit haben die blauen Kapseln nach ihrer Markteinführung ihren Siegeszug um die Welt angetreten. Auf dem Schwarzmarkt werden sie heute wie Drogen gehandelt. Sie sind ein Milliardengeschäft.

Ein Viagra für die Frau gibt es schon deshalb nicht, weil die Ursache der weiblichen Unlust nicht nur in einer Störung der Durchblutung liegt. Es ist vielmehr ein hormonelles und dabei äußerst komplexes Problem. Meiner Meinung nach aber liegt der Hauptgrund für das mangelnde Interesse der Pharmakonzerne in der Tatsache begründet, dass das weibliche „Erektionsproblem" viel weniger bekannt ist. Gerade weil es von beiden Geschlechtern totgeschwiegen wird, wird es nicht so intensiv erforscht. Ich möchte weiter behaupten, dass die weibliche Unfähigkeit, Spaß am Sex mit dem Partner zu haben, von Ärzten (vor allem von männlichen) eher auf ein „Kopf-" als auf ein körperliches Problem zurückgeführt wird. Wenn sie sich endlich dazu aufraffen, einen Arzt zu konsultieren, werden Frauen nach der Untersuchung meist ohne Diagnose wieder nach Hause entlassen. Vielleicht noch mit dem gut gemeinten Rat, zu einem Therapeuten zu gehen. Organisch sei ja schließlich nichts zu finden gewesen.

Erst vor ein paar Monaten bekam ich die Bestätigung für diese Vermutung. Ein Münchner Frauenarzt, der in der Forschung arbeitet und mein erstes Buch zum Thema gelesen hatte, war ganz erstaunt und ehrlich fasziniert von meinen Schlussfolgerungen. Er bestätigte mir, dass sich die Forschung erst in jüngster Zeit intensiver mit dem Thema auseinandersetzte und dass Frauen sogar mit ihrem Gynäkologen nur sehr ungern über ihre sexuelle Störung (die gar keine ist) redeten. Er bestätigte ebenso, dass Frauenärzte viel eher eine psychische als eine hormonelle Diagnose stellten. Natürliche Ursachen vermuteten sie seines Wissens nie.

Dass die Ursache für das Versiegen der weiblichen Lust keine psychische sein *kann*, sagt (mir) alleine schon die Logik. Wäre dem so, müssten alle Frauen, die ich in den vielen Jahren meiner Arbeit kennen lernte, mich inbegriffen, psychisch irgendwie „gestört" sein. Immer und immer wieder dieselben Geschichten – das kann doch nicht das Zeichen einer Massenhysterie sein. Ich glaube, dass nach einer gewissen Zeit mit demselben Partner schlicht und ergreifend bestimmte Sexualhormone einfach nicht mehr oder nur noch begrenzt produziert und damit uralte Sicherheitsmechanismen aktiviert werden.

Vor ein paar Jahren habe ich dazu im Internet einen Artikel gefunden, der dies indirekt bestätigte. Die Uni Hannover hatte interessanterweise untersucht, welche Hormone sich im Blut nachzuweisen sind, wenn Männer und Frauen sexuell erregt sind. Dazu mussten die Probanden einen Pornofilm anschauen und dabei masturbieren. Das Ergebnis:

… besonders auffällig war die Ausschüttung des als Milchbildungshormon bekannten Prolaktins. „Das ist eine neue Erkenntnis", bestätigte der Studienleiter Hartmann, „aber leider wissen wir sehr wenig über die Wirkungen von Prolaktin beim Sex." Wahrscheinlich hat Prolaktin eine Art Doppelfunktion: Es ist zunächst ein Erregungshormon, das für den Orgasmus wichtig ist, aber wenn die Konzentration sehr hoch ist, könnte es einen Abschaltmechanismus für die Erregung in Gang setzen. Das würde auch die so genannte Refraktärzeit erklären, denn vor allem bei Männern dauert es einige Zeit, bis sie erneut sexuell erregbar sind. Prolaktin dürfte im Gehirn wahrscheinlich über den Botenstoff Dopamin wirken: Dopamin – auch das ist eine neuere Erkenntnis – ist einer der entscheidenden Botenstoffe für Lust und Befriedigung. „Die Ergebnisse werfen viele neue Fragen auf", freute sich Studienleiter Hartmann. Zum Beispiel: Was geschieht, wenn man Probanden Prolaktin-Hemmer gibt? Kommt es zu keiner hohen Erregung? Oder sinkt zum Beispiel die Refraktärzeit? …

Soweit die Untersuchung der Uni Hannover. Spinnen wir dieses Szenario einmal weiter: Nehmen wir also an, nur das Hormon Prolaktin wäre für die Erregbarkeit der Frau verantwortlich. (Wir wissen, dass auch Dopamin eine große Rolle spielt.) Nehmen wir weiter an, die Vermutung würde bestätigt, dass dieses Hormon ab einer bestimmten Konzentration im Blut das Erregungniveau wieder abflachen lässt. Dann könnte das auch durchaus „unser" weibliches Hormon sein, das für das sexuelle Schweigen, für diese Sperre verantwortlich zu machen ist. Ganz sicher ist jedenfalls, dass sich alle Vorgänge im Körper biochemisch nachweisen lassen. Verliebte weisen einen hohen Dopaminspiegel im Blut auf. Dopamin wirkt als Botenstoff auf das sogenannte Belohnungszentrum im Gehirn. So entsteht unter anderem das euphorische Gefühl der Schmetterlinge im Bauch. Bei großem Stress findet man Adrenalin und Cortisol im Blut. Schilddrüsenprobleme und Diabetes lassen sich über den Hormonspiegel nachweisen, ebenso die Wechseljahre.

Es wäre von unbestreitbar großem Interesse, wenn im Rahmen wissenschaftlicher Versuche Frauen Blut abgenommen würde, während sie gerade von ihrem Partner gestreichelt werden. So könnte man schnell herausfinden, wo genau der hormonelle Unterschied zwischen einer frischen und einer „etablierten" Liebe liegt – oder gar einem Seitensprung. Wenn das Hormon, das ab einer gewissen Konzentration im Blut die sexuelle Erregung verhindert, isoliert werden könnte, dann wäre es wahrscheinlich möglich, eine Art Gegen-Pille zu entwickeln, die diese Reaktion wieder umkehrt. Dopamin ist hauptverantwortlich für die Verliebtheitsgefühle. Der Körper schüttet im Laufe der Zeit immer weniger davon ins Blut aus, vor allem um Kräfte zu sparen. Wahrscheinlich verändert sich nun auch die Konzentration des Prolaktins …

Ich bin ganz sicher kein Freund von Medikamenten, schon gar nicht solcher, die in unser sensibles Hormonsystem eingreifen. Nichtsdestotrotz betrachte ich die Antibabypille als Segen. Sie simuliert dem Frauenkörper eine Schwangerschaft und verhindert so den Eisprung, was im Prinzip viel eher der ursprünglichen weiblichen Natur entspricht. Einen mindestens ebenso großen Segen stellte sicherlich ein „Anti-Erotik-Tod-Hormon" dar. Läge es tatsächlich an der Überproduktion des Hormons Prolaktin, so reichte es aus, einen „Hemmer" zu entwickeln, der diese Überproduktion verhindert. Der Körper würde getäuscht (wie bei der Antibabypille), indem ihm beim Beischlaf vorgegaukelt würde, wir wären frisch verliebt. Und so viele Probleme wären auf einmal verschwunden.

All dies sind die Gedanken eines Laien. Wie bereits erwähnt, bin ich keine Medizinerin und auch keine Pharmazeutin. Um die zuständige Industrie auf den Plan zu rufen, müsste das Erregungsproblem der Frau erst einmal bekannter sein. Das wird aber nicht geschehen, solange es weiter totgeschwiegen wird! Solange Frauen damit nicht zum Arzt gehen und, wenn doch, die Ärzte es als „Kopfsache" bezeichnen und ihre Patientinnen in Therapie schicken, wird das Problem unerkannt bleiben. Dann hat eine medikamentöse Lösung weiterhin keine Chance. Wo keine Nachfrage, da auch kein Angebot!

Vielleicht irre ich mich auch und die Wissenschaft steht kurz vor einer Lösung. Um ehrlich zu sein, habe ich in diese Richtung nicht weitergeforscht. Es hätte auch wenig Sinn, denn kein Pharmazeut würde Lena Bredow etwas über aktuellen Forschungsvorhaben erzählen.

Wie dem auch sei, ich bin sicher, Sie wollen ebenso wenig wie ich darauf warten, bis es die Leidenschaftspille endlich in der Apotheke zu kaufen gibt. Zumal es auch eine natürliche Lösung gibt. Und vielleicht hätte es sie schon viel früher gegeben, könnten wir offener mit unserem Problem umgehen.

Warum wír nícht „darüber" reden – Perfektíonísmus und Selbstzweífel

Das offene Thematisieren unseres Problems fällt uns so schwer, weil wir das tief eingepflanzte triebgesteuerte Verlangen haben, der Norm zu entsprechen, um ein reibungslos funktionierendes Mitglied der Gesellschaft zu sein. Schon seit Urzeiten trägt der Mensch das tiefe Bedürfnis, Unzulänglichkeiten lieber zu verbergen, im Blut. Erreichen wir Verlangtes nicht, fühlen wir uns schuldig und schwach, verspüren Angst vor Ablehnung und Ausgrenzung. Und über ein scheinbar anormales Sexualleben zu sprechen würde zwangsläufig bedeuten, „Schwächen" zu offenbaren.

In unserer Gesellschaft sind die Medien omnipräsent. Im Grunde kann niemand sich ihrem Einfluss entziehen, sie etablieren unmögliche Ideale und gaukeln uns tagtäglich eine perfekte Umwelt vor. Dies hat für uns zur Konsequenz, dass es fast unmöglich ist, sich nicht als Versager(innen) zu fühlen, und das in fast jedem Lebensbereich, auch in der Sexualität. Hätten wir die Möglichkeit, direkt in die Wohn- und vor allem in die Schlafzimmer unserer Nachbarn zu schauen, wäre der Anspruch an uns selbst längst nicht mehr so hoch. Das Gefühl, als einziger in dieser Welt zu versagen, gäbe es garantiert nicht. Aber wir orientieren uns nicht am Nachbarn, sondern an dem, was das Fernsehen uns präsentiert:

Eine junge, attraktive Frau springt morgens energiegeladen aus dem Bett. Sie ist hübsch anzusehen, die Frisur perfekt, obwohl sie doch gerade aus den Federn kommt. In ihrem türkisfarbenen Kostüm hüpft sie durch den türkisfarbenen Tag, immer gut gelaunt, schlank, selbstbewusst und zudem erfolgreich im Beruf. Abends, wenn sie in ihre Luxusvilla zurückkehrt, umarmt sie ihren schönen Mann und die zwei wohlerzogenen Kinder. Sie setzt sich mit ihm vor den offenen Kamin und sieht noch genauso schön aus wie am Morgen. Von ihrem Gatten angehimmelt schlürft sie aus der türkisfarbenen Tasse ihren Kaffee. Der Abend endet dann, wie all die anderen zuvor, in einer leidenschaftlichen Umarmung.

Und wie ist es wirklich? Frau Meier erhebt sich morgens müde aus dem Bett. Ihr Gesicht zeigt überdeutlich Alltagsspuren. Unter der Dusche seift sie erst die Reiterhosen ein und danach die Cellulite. Seufzend trocknet sie sich ab und macht Frühstück für die schlecht gelaunten Kinder. Die Hetze des Tages beginnt. Teilzeit-Job, Kochen, Hausaufgabenbetreuung, Putzen, Einkaufen. Abends fällt sie tot aufs Sofa, anstatt entspannt vorm Kamin zu sitzen. Nachts wehrt sie die Avancen ihres Mannes ab und kassiert dafür von ihm vierzehn Tage schlechte Laune.

Die Männer-Fernseh-Norm: Unter der Hightech-Dusche shampooniert Herr Waschbrettbauch sein volles Haar. Eine schöne Frau schlüpft in die Kabine und massiert ihm seinen feuchten Rücken. Langsam wandern nicht nur ihre Hände abwärts. „Danach" trinkt er mit ihr einen Kaffee, der auf Knopfdruck aus der Espresso-Maschine kommt. Pfeifend verlässt er dann sein großes Haus und steigt in einen Luxusschlitten – seine eigene Firma wartet schon. Er ist ein viel geliebter Chef, der nach Feierabend gern in exklusiven Clubs verkehrt. Dort flirtet er mit attraktiven Frauen und sein Siegergrinsen zeigt, dass er schon wieder nicht allein nach Hause gehen wird.

Und die Realität? *Herr Meier steht gerädert auf. Unter der Dusche schaut er schlecht gelaunt an sich herunter. Der Bierbauch lässt nur ahnen, wie „sein bester Freund da unten" aussieht. Das „Ding" benutzt er sowieso nur noch zum Pinkeln. Er steigt in einen grünen Golf 2, der es wohl nicht mehr lange machen wird, doch das chronisch leere Konto lässt keinen Neukauf zu. Der Chef macht Stress, die Arbeit ist schon wieder im Verzug. Also unbezahlte Überstunden, die wenigstens den Vorteil bieten, ihn vom Gezanke seiner Kinder zu verschonen. Abends dann das Bierchen auf dem Sofa und nebenan die Ehefrau. Die schläft seit zehn Minuten und hat – wieder einmal – Migräne.*

Zugegeben, die Schilderungen aus der Realität sind stark übertrieben. Aber Hand aufs Herz, Ähnlichkeiten sind doch vorhanden, oder?

Der Mensch braucht Ideale und Vorbilder, um sich an ihnen zu orientieren. All unsere Fertigkeiten, all unsere Fortschritte und Entwicklungen resultieren letztendlich aus Abschauen und Nachmachen. Es ist aber ein schier unmögliches Unterfangen, dem Werbefernsehen nacheifern zu wollen. Die Werbefilmer allerdings werden den Teufel tun und die Normalität zeigen. Die beworbenen Produkte hätten allergrößte Absatzschwierigkeiten, würde sich beispielsweise eine bebrillte Fünfzigjährige das Deo unter die behaarten Achseln schmieren. Wir Menschen lieben nun mal schöne Dinge, die unseren Augen schmeicheln und die vor allem unser Bedürfnis nach Vorbildern befriedigen. Schön ist – naturbedingt – immer nur das *Außer-Gewöhnliche*. Wie es das Wort schon sagt: Die Norm ist eigentlich das ganz Gewöhnliche, doch wir sehen sie nicht mehr. Unter dem Einfluss der Medien halten wir heute das Außergewöhnliche für normal – und verlieren so unsere Sicherheit. Lediglich unübersehbare „Mängel", die sich nicht so einfach verstecken lassen, werden offen angesprochen. Haben wir beispielsweise nicht die idealen Körpermaße, dann ist das gemeinhin einfach nicht zu verleugnen. In diesem Fall wird darüber geredet, es werden Tipps befolgt, Diäten gemacht, Pillen geschluckt oder man geht gleich zum Chirurgen – tritt gewissermaßen die Flucht nach vorne an. Mängel aber, die nicht so offensichtlich sind, werden lieber totgeschwiegen, damit man nicht als „unnormal" gilt und ausgestoßen wird.

Männer reden vorzugsweise dann über ihre Sexualität, wenn sie eine erfolgreiche Eroberung gemacht haben. Eher selten wird man einen langjährigen Ehemann von der Tatsache berichten hören, dass seine Frau ihn nicht mehr „ranlässt". Das würde einer selbstdisqualifizierenden Aussage gleichkommen wie: *Ich bringe es wohl nicht mehr. Mein Schwanz ist zu klein. Ich bin ein Versager.* Frauen geht es ähnlich. Das Wort Frigidität hat etwas Abwertendes, Krankes und eben Anormales. Deshalb schweigen auch die Frauen – und beide Geschlechter leiden still.

Die natürlichen Lösungen

Wenn ich nicht sicher wäre, dass allein das Wissen, warum etwas geschieht, schon ungemein weiterhilft, dann wäre ich nie wieder eine feste Beziehung eingegangen.

Meine erste Ehe ist am Problem der ersterbenden Lust zerbrochen. Als ich Jahre vor der Trennung herausfand, woher diese Unlust, diese hier schon so viel beschriebene Sperre, kam, war ich einerseits glücklich und andererseits todtraurig. Glücklich, weil ich nun wusste, dass es weder an mir noch an meinem Mann lag. Traurig, weil diese Erkenntnis keine sofortige Lösung in Form eines Schalters mit sich brachte. Ich habe nächtelang mit meinem Mann geredet. Wir haben diskutiert, geschwiegen, gelacht, gestritten und geweint – am Ende blieb alles beim Alten. Wie in vielen anderen Beziehungen konnte auch mein Mann nicht anders, als meine sexuelle Unlust persönlich zu nehmen. Er war mir böse und nicht der Evolution. Irgendwann konnte ich die stillen Vorwürfe und abwertenden Blicke nicht mehr ertragen. Was sollte ich denn „unternehmen"? Ich hatte mich jahrelang mit dem Thema beschäftigt, unendlich viele Gespräche geführt, gelesen, geforscht und meine Schlüsse gezogen. Trotzdem konnte ich die Mechanismen nicht einfach abschalten, jedenfalls nicht allein. Wenn sie zu umgehen waren, dann hätten wir eine gemeinsame Strategie entwickeln müssen. Dazu aber war mein Mann nicht bereit. Mit seinen andauernden Schuldzuweisungen, mit seinen Vorwürfen und den daraus resultierenden Streitigkeiten läutete er den Tod unserer Ehe ein. Eines Tages hatte ich die Nase voll davon. Ich wollte dieses schlechte Gewissen nicht mehr zulassen, das sich trotz aller Erkenntnisse und Gespräche immer wieder bei mir einschlich. In der Nähe meines Mannes fühlte ich mich nur noch wie eine halbe

Frau. Wie eine Amputierte, der ein wichtiges Körperteil fehlt – und genauso geht es vielen Frauen.

Heute, sieben Jahre nach unserer Trennung, weiß ich, dass die Ehe eigentlich nur scheiterte, weil mein Mann nicht bereit war, mit mir gemeinsam an einer Lösung zu arbeiten. Irgendwann verlor ich den Respekt vor ihm – und er vor mir: Das war das Ende. Als ich mich schließlich trennte, war es das Schwerste, was ich je in meinem Leben getan hatte.

Wir haben damals die Chance, nach einer natürlichen Lösung zu suchen und gemeinsam Kompromisse zu schließen, nicht wahrgenommen. Tun Sie es heute!

Kurz nachdem mein erstes Buch über das Problem der einschlafenden Erotik auf den Markt kam (*Warum Frauen nicht mehr wollen*), erhielt ich die ersten von ganz vielen E-Mails. Die Leser bedankten sich und waren froh, endlich eine Erklärung zu haben. Ihnen fehlte allerdings ein konkreter Lösungsansatz. Eine Strategie, die ihnen dabei helfen würde, ihre Partnerschaft und Sexualität wieder ins Lot zu bekommen. Die Tipps, die sie im Buch fanden, waren ihnen zu spärlich.

Ich aber hatte mein Buch ganz absichtlich *Warum Frauen nicht mehr wollen* genannt und nicht *Wie Frauen wieder wollen*. Meine neue Beziehung war damals noch sehr frisch, sozusagen mitten in der Honeymoon-Phase. Ich kannte zwar die Theorie, eigene Erfahrungen konnte ich allerdings noch nicht vorweisen. Das ist nun nicht mehr der Fall. Inzwischen kann ich auf mehr als fünf Beziehungsjahre zurückblicken und ich kann Ihnen mitteilen, dass es durchaus möglich ist, das Einschlafen der Erotik ganz natürlich zu verhindern.

Egal, ob Sie ein Mann oder eine Frau sind (die meisten Leser meines ersten Buches sind übrigens Männer), schon allein die Tatsache, dass Sie dieses Buch in Händen halten, beweist, dass Sie sich mit Ihren Problemen nicht abfinden wollen. Und mit dieser Einstellung ist tatsächlich alles möglich. Die Zauberwörter für eine funktionierende Problemlösung heißen:

WISSEN – REDEN – UMDENKEN – HANDELN

Und deshalb zunächst der Appell an alle Männer:

Sie wissen jetzt Bescheid, also glauben Sie Ihrer Frau, dass sie Sie liebt. Versuchen Sie zunächst, Liebe und Leidenschaft getrennt zu betrachten. In unserem Fall hat das eine mit dem anderen erst einmal nichts zu tun. Dass die Leidenschaft bei Ihrer Partnerin eingeschlafen ist, liegt an einem dummen Irrtum der Evolution. Es liegt keinesfalls an Ihren Liebeskünsten. Es liegt nicht an Ihrem Körpern nicht an Ihrem Charme. Es liegt an einem alten Mechanismus, den die Natur noch nicht auf den neuesten Stand gebracht hat. Respektieren und vor allem trösten Sie Ihre Frau, sie leidet sehr darunter. Machen Sie Ihr bitte nie wieder Vorwürfe.

Und nun der Appell an alle Frauen:

Auch Sie haben verstanden, also suchen Sie nicht weiter die Schuld bei sich – Sie werden sie hier nicht finden. Reden Sie mit Ihrem Mann und geben Sie ihm dieses Buch. Wenn er an Ihnen und einer Lösung interessiert ist, dann wird er es ganz sicher lesen. Wenn nicht …
Legen Sie die zermürbenden Gedanken ab und atmen Sie tief durch. Sie dürfen frei sein, genauso frei wie Ihr Partner. Frei von Vorwürfen, frei von Selbstzweifeln und frei von Frust.

Und schließlich mein Botschaft für beide:

Haben Sie sich im Buch wiedererkannt? Sollten Sie bereits über Trennung nachgedacht haben, dann ist eines gewiss: Das Phänomen wird Sie wahrscheinlich eines Tages wieder einholen – bei einem neuen Partner, nach ca. zwei Jahren. Wer nach den ewigen Schmetterlingen sucht, wird das vergeblich tun. Er wird von einer Blume zur nächsten flattern, immer den großen Gefühlen hin-

terher. Glück aber ist etwas ganz anderes ... Wenn Ihre Beziehung in Ordnung ist und Sie sich noch jede Menge zu sagen haben, dann nutzen Sie Ihre Chance!

Das Schníppchen –
Respekt íst das Gegenteíl
von Schwäche!

Gerade zu Beginn einer neuen Liebe stellt das Wissen um die Gründe der einschlafenden Erotik eine riesengroße Chance dar, der Evolution und ihren hormonellen Mechanismen von Anfang an ein Schnippchen zu schlagen. Nur denken Sie daran, wenn Sie im Rausch der Gefühle gefangen sind? Wie wird Ihr neuer Partner reagieren, wenn Sie ihm schon in den ersten Wochen oder Monaten dieses Buch unter die Nase halten? Ich kann Ihnen verraten, was mein neuer Partner nach der Lektüre meines ersten Buches sagte: *Das war's dann wohl – sind ja schöne Aussichten!* Aber nach dem ersten Schock können dank dieser vorausschauenden Vorgehensweise viele Vorwürfe, Ausreden, Zorn, Trauer und Frust vermieden bzw. im Keim erstickt werden. Die Grundvoraussetzung für die Erotik, gegenseitiger Respekt und Bewunderung, bleibt und somit das Fundament für eine funktionierende Beziehung.

Schauen wir uns die Evolution und ihre Aufträge noch einmal an und schlagen wir ihr dann auf ganz natürliche Weise ein Schnippchen.

Der weibliche Körper reagiert hormonell auf Macht und Stärke. Frauen verlieben sich in Männer, die etwas Besonderes, Außergewöhnliches an sich haben, die sich von der Masse abheben, vielleicht durch schöne Augen oder Hände, einen tollen Humor oder zärtliche Fürsorglichkeit (lassen wir das dicke Auto einmal weg). Sie mögen vor allem Männer, die sie beschützen, die ihnen Geborgenheit geben und die sie achten. All diese Faktoren bringen die weiblichen Hormone in Wallung, die Schmetterlinge fliegen und die Paarungsbereitschaft wird zum tiefen Bedürfnis. Wenn nach einem halben oder drei viertel Jahr die Schmetterlinge weniger aufgeregt flattern, sich der Hormonpegel langsam auf ein normales Niveau einpendelt und der Blick wieder klarer wird, versucht der weibliche Schutzmechanismus mehr und mehr, die negativen Eigenschaften des Partners in den Vordergrund zu rücken. So kann es geschehen, dass ihr in den nächsten Jahren seine Schwächen immer mehr ins Auge fallen und er langsam vom Podest des stärksten Männchens hinabsinkt. All seine „Macken" erhalten buchstäblich Gewicht, auch wenn sie in der Zeit des Verliebseins als gar nicht so schlimm, vielleicht sogar als liebenswert (Sie erinnern sich, die rosarote Brille?), empfunden wurden.

Mal ehrlich, liebe Leserin: Haben Sie anfangs nicht auch über die vielen kleinen Schusseligkeiten geschmunzelt? Die regelmäßig vergessenen Geburtstage und das ewige Verlegen des Hausschlüssels, über die liegen gelassenen Socken und die offene Zahnpastatube im Bad? Und wann fing es an, Sie aufzuregen? Wann haben Sie begonnen, die Nachlässigkeiten persönlich zu nehmen und als Schwäche zu werten? Vielleicht tauchte jetzt zum ersten Mal die Frage auf, ob er denn wirklich der Richtige für Sie ist. Das einstmals starke Männchen wird in den Augen seines Weibchens langsam schwächer. Genau an dieser Stelle ist es wichtig, den Verstand einzuschalten. Und dies gilt für beide Geschlechter!

Jeder, der schon mehr als eine langjährige Beziehung hinter sich hat, weiß eigentlich, dass in jede Partnerschaft eines Tages Routine einkehrt. Dass der Hormonrausch vorübergeht und man lernen muss, über vermeintliche Schwächen des Partners hinwegzusehen. Nimmt man sie persönlich oder gibt ihnen eine zu große Bedeutung, wird dies garantiert das Einschlafen der Leidenschaft beschleunigen. Lassen wir dies zu, tun wir der Evolution tatsächlich einen großen Gefallen. Sie ist es, die *frau*

„suggeriert", dass das geliebte Männchen nur noch aus Schwächen besteht. Wenn es nach ihr ginge, dann würde der Partner sowieso alle zwei Jahre ausgetauscht werden, um so der Inzuchtgefahr zu entgehen. Also besteht unsere Beziehungs-Hauptaufgabe darin, es zu schaffen, der Evolution samt ihrer Sicherungsmechanismen deutlich zu machen, dass unser Männchen das stärkste, schönste und begehrenswerteste ist bzw. wieder wird – und bleibt.

Auch wenn zunächst der Eindruck entsteht, alle Verantwortung läge beim weiblichen Geschlecht, so kann ich Sie, liebe Leserin, beruhigen: Ohne das Interesse des „Männchens" und seinen Beitrag zum Erhalt der Erotik wird es nicht gelingen. Männer und Frauen „ticken" aufgrund ihrer unterschiedlich strukturierten Gehirne ganz verschieden. Nur wenn beide einander verstehen, das heißt die beim jeweils anderen Geschlecht aktiven Mechanismen kennen, kann erfolgreich verhindert werden, dass Normalität als Schwäche ausgelegt wird, Nachlässigkeiten persönlich genommen, ständig mit Respekt- oder Lieblosigkeit verwechselt werden und die daraus resultierenden Missverständnisse letztlich „erotiktötend" wirken.

Das Wahrnehmen der männlichen „Schwächen" ist fatal, denn hierdurch ändert sich bei der Frau die Biochemie. Der weibliche Hormonspiegel entwickelt sich der Erotik zum Nachteil: Der Teufelskreis beginnt, die Sperre baut sich auf – wenn jetzt nicht der Verstand eingeschaltet wird. Aber dazu später mehr.

Die Macht der positíven Gedanken

Ich erzähle Ihnen sicherlich nichts Neues, wenn ich Ihnen sage, dass Sie einen anderen Menschen niemals ändern werden. Sie können nur sich selbst und Ihre eigene Einstellung ändern. Dabei hilft Ihnen das aus diesem Buch neu gewonnene Wissen. Mittels Ihrer veränderten Haltung ist es Ihnen möglich, die Biochemie Ihres Körpers aktiv zu beeinflussen. Ob Ihnen Ihr Partner gleichbleibend positiv und stark oder zunehmend negativ und schwach erscheint, liegt dann schlussendlich an Ihnen und Ihrem wachen, aufgeklärten Verstand.

Jeder Gedanke hat eine biochemische Auswirkung.

Um Ihnen verständlicher zu machen, warum Sie die Biochemie, also die Ausschüttung der Hormone und Botenstoffe, Ihres Körpers steuern können, möchte ich im Folgenden ein Beispiel aus einem meiner Abnehmbücher anführen.

Was glauben Sie, aus was Körperfett besteht? Aus Butterstücken oder gar altem Frittieröl? Aus einer schwabbeligen Substanz, die sich um die Hüften oder am Bauch festsetzt? Weit gefehlt! Fett besteht zu drei Vierteln aus Sauerstoff und Wasserstoff und zu einem Viertel aus Kohlenstoff. Damit aus diesen, eigentlich harmlosen, Komponenten überhaupt Fettreserven entstehen, die sich dann (zu unserem Ärger) an Hüften, Bauch und Po festsetzen, muss der Organismus noch körpereigene Botenstoffe hinzufügen (*Abnehmen ist leichter als Zunehmen*, Andreas Winter). Einer dieser Botenstoffe ist das Cortisol, ein Stresshormon. Das wiederum wird immer nur dann ausgeschüttet, wenn das Gehirn explizit den Befehl dazu gibt. Der benötigte Auslöser für diesen Befehl heißt im

Falle von Gewichtszunahme immer: MANGEL. Ursprünglich (aber auch heute noch) brachte vor allem die Angst vor Mangel den Körper dazu, Reserven aufzubauen. Heutzutage haben wir zwar keinen Mangel an Nahrungsmitteln mehr, zumindest nicht in den Industrieländern, aber wir simulieren ihn regelmäßig, z. B. im Rahmen von Diäten. Abnehmwillige essen mit der ständigen Angst vorm Dickerwerden, sie hungern und halten Diät – und suggerieren dadurch dem Körper eine permanente Mangelsituation! (*Iss doch was du willst – und werd ganz einfach schlank,* Lena Bredow) Tatsächlich schafft es deshalb lediglich einer von 200 Menschen, mit einer Diät oder Nahrungsumstellung dauerhaft schlank zu werden. Natürlich schlanke Menschen essen genau dasselbe wie Dicke, dies hat man hinreichend untersucht. Trotzdem nehmen sie nicht zu. Über dieses Phänomen rätselt die Ernährungswissenschaft noch heute, denn sie unterliegt dem großen Denkfehler, es würde ausschließlich am Essen liegen, ob ein Mensch zu- oder abnimmt. Im Laufe der letzten Jahrzehnte ist aus diesem Irrtum heraus eine Vielzahl von Diäten entstanden, die mal Zucker, dann Fett oder Eiweiß und nun die Kohlenhydrate und damit sogar viele Obstsorten zum Dickmacher deklarieren. Dabei ist alles ganz einfach. Der feine, aber elementare Unterschied, warum dünne Menschen essen können, was sie wollen, ist folgender: Schlanke besitzen ein anderes, hormonell gesteuertes „Futterverwertungs-System". Sie haben während, vor und nach dem Essen andere Botenstoffe in ihrem Blut. Die Komponenten Wasserstoff, Kohlenstoff und Sauerstoff können bei ihnen gar nicht zu Fettreserven gebunden werden. Für die Ausschüttung bzw. das Fehlen der zuständigen Fettbindungshormone ist die Psyche verantwortlich. Schlanke genießen ihr Essen, sie verbinden ein leckeres Mahl niemals mit Stress und (Dickmacher-)Ängsten, sondern vielmehr mit Freude und Sinnlichkeit. So schüttet ihr Körper erst gar keine fettbindenden Hormone aus. Ihr Gehirn ist schlicht und ergreifend davon überzeugt, dass kein Mangel herrscht.

Mit seinen Gefühlen beeinflusst der Mensch in hohem Maße die hormonellen Reaktionen seines Körpers und herrscht so (völlig unbewusst) über seine eigene Biochemie. Es ist das Prinzip des berühmten Placebo-Effekts. Inzwischen ist hinreichend bewiesen, dass der unbedingte Glaube an ein Medikament für dessen Wirksamkeit verantwortlich sein kann. Ein Patient kann gesund werden, auch wenn er unwissentlich nur Zuckerpillen als Therapie verabreicht bekommt. Solange er fest davon überzeugt ist, dass die Pillen hochwirksam sind, kann seine „innere Apotheke" dafür sorgen, dass er von seinem Leiden gesundet. Dieses Phänomen wurde sowohl in der Krebstherapie als auch im Rahmen vieler Operationen (Gehirn, Knie, Bandscheiben etc.) erfolgreich getestet.

Fassen wir zusammen: Sie haben Ihre Biochemie selbst im Griff, und das auf ganz natürliche Art und Weise. Keinesfalls müssen Sie dafür auf dubiose esoterische Praktiken zurückgreifen.

Unser größtes Sexualorgan ist bekanntermaßen das Gehirn. Es allein ermöglicht z. B., dass auch querschnittsgelähmte Männer einen Orgasmus erleben können. Jeder von uns hat schon vergleichbare Erfahrungen gemacht, nämlich wenn Sie im Schlaf durch einen „feuchten Traum" einen Höhepunkt erleben, obwohl sich Ihre Hände *auf* der Bettdecke befinden. Und eben weil für die Sexualität primär das Gehirn zuständig ist, können Frauen Leidenschaft auch noch weit nach den Wechseljahren erleben – obwohl der natürliche Auftrag, Kinder zu gebären, jetzt gar nicht mehr erfüllt werden kann. Ungefähr ab dem 40. Lebensjahr sinkt der weibliche Sexualhormonspiegel langsam, aber stetig. Dagegen können wir leider – auch gedanklich – nicht ankämpfen. Es ist uns allerdings möglich, die negativen Auswirkungen so gering wie möglich zu halten.

Nach ganz neuen Erkenntnissen wird in den Wechseljahren zuerst das Progesteron im Blut weniger, und nicht, wie lange geglaubt, das Östrogen. Durch das Absinken des

Progesteronspiegels gewinnen zunächst die Östrogene die Oberhand. Das bewirkt ein leichtes Ansteigen des Körpergewichts und die Umverteilung der Fettpolster: Der sogenannte Östrogengürtel um den Bauch herum entsteht und dem Jäger wird Unfruchtbarkeit signalisiert. Die hormonelle Disbalance kann die typischen Wechseljahrbeschwerden wie Hitzewallungen und depressive Verstimmungen verursachen. **Die weibliche Erotik wird von den Wechseljahren allerdings kaum beeinflusst.** Eine älter werdende Frau kann sich immer noch genauso verlieben wie ein junger Teenager.

Die von Frauen teilweise heftig empfundenen Wechseljahrbeschwerden finden – so vermuten viele Fachleute – ihre Begründung in unserer Kultur und weniger in den körperlichen Veränderungen. Den Beweis für diese Theorie liefern die Asiatinnen, die mit dem Älterwerden an Ansehen und Einfluss dazugewinnen (bei uns ist leider genau das Gegenteil der Fall). Sie kennen ebenso wenig Hitzewallungen und Depressionen wie reife Europäerinnen, die eine optimistische, positive und lebensbejahende Einstellung zum Leben und ihrem Körper haben. Lange Zeit war die Medizin davon überzeugt, dass unser Leben in den Genen festgeschrieben steht. Krankheiten, Charaktereigenschaften, ja ganze Lebensläufe wurden als vorprogrammiert betrachtet. Heute hat sich die Sicht vieler Wissenschaftler geändert. Von den ca. 35 000 Genen, die bisher identifiziert wurden, sind tatsächlich nur wenige unveränderbar. Es sind beispielsweise die, die Haarfarbe, Knochenbau und Augenfarbe bestimmen. Den größten Teil unserer Gene allerdings muss man sich wie die Tasten auf einem Konzertflügel vorstellen. Erst wenn der Pianist sie spielt, erzeugen sie Töne und komplexe musikalische Strukturen. Mit den Genen verhält es sich genauso. Sie werden im Laufe des Lebens ständig durch diverse biochemische Prozesse aktiviert oder deaktiviert, je nachdem wie die Lebensumstände es bedingen. Auslöser für diese Prozesse sind unsere Emotionen. Ohne uns als Pianisten gäbe es folglich keine Musik – um hier im Bild zu bleiben.

All diese Ausführungen dienen vor allem dazu, Ihnen folgende Erkenntnis näher zu bringen: *Zuerst ist immer das Gehirn am Zug, denn es allein steuert die Hormonproduktion – und niemals ist es umgekehrt! Und Sie wiederum können Ihr Gehirn steuern!* Erst wenn Sie sich diesen Kausalzusammenhang bewusst gemacht haben, können Sie aktiv werden.

Die Sperre überwinden – sieben Regeln gegen die „Migräne" für IHN

Wenn die Schmetterlinge weniger aufgeregt flattern und sich das Hormonchaos langsam normalisiert, dann ändert sich aus ganz natürlichen Gründen die Erotik! Das müssen vor allem Männer wissen, damit sie das Abflauen nicht persönlich nehmen und als Folge – bewusst oder unbewusst – ihre Partnerin unter Druck setzen.

Wenn also Ihre bessere Hälfte in den Anfängen immer und überall bereit dazu ist, Sex mit Ihnen zu haben, wenn es sie nicht weiter stört, dass gleich die Mutter um die Ecke biegen oder sich die Fahrstuhltür öffnen könnte, wenn Sie nicht die geringste Chance haben, ungestört zu duschen, weil schon der bloße Anblick Ihres „kleinen Mannes" ihre Leidenschaft entfacht – dann herrschen bei Ihrer Liebsten die Hormone. Ihrem ungezügelten Verlangen liegt eine ganz natürliche Strategie zugrunde, die (äußerst unromantisch) nur ein Ziel hat: die schnellstmögliche Zeugung von Nachwuchs, die dadurch erreicht werden soll, dass Sie sich ganz eng ans neue Weibchen binden. Nur deshalb praktizieren Frauen den von Ihnen heißgeliebten Blowjob (Oralverkehr) in den Anfangszeiten gerne (und ganz instinktiv) viel öfter als später in der Beziehung. Beim Oralverkehr werden überdurchschnittlich viele Bindungshormone ausgeschüttet, das können Sie sicherlich bestätigen (ich kann sehen, wie Sie gerade nicken). Im Laufe der Beziehung treten dann aber Veränderungen ein. Frauenkörper brauchen länger, um die Menge an Botenstoffen, die zur Erzeugung von Leidenschaft benötigt werden, ins Blut zu schwemmen. Leidenschaft aber ist die Voraussetzung für die weibliche Lust, Sie oral in Ekstase zu versetzen. Der erwähnte Blowjob (oder Blasen – mein Gott, sprechen wir's doch einfach aus), wird in einer fortgeschrittenen Beziehung auch deshalb seltener, weil die Frau sich nun in der Beziehung sicher(er) fühlt. Sie muss nicht ständig „Unterwürfigkeit" bezeugen, denn genau das tut sie (*wieder völlig instinktiv*) während des Oralverkehrs.

Wenn die Leidenschaft Ihrer Partnerin abflacht und die zügellosen Sexualpraktiken seltener werden, dann hat das also keinesfalls, wirklich keinesfalls etwas mit abkühlender Liebe oder gar plötzlichem Ekel zu tun! Nur wenn Sie sie jetzt mit Vorwürfen überschütten, ihre Verhaltensänderung gar als vorsätzlichen Liebesentzug werten, ständig beleidigt sind oder mit ihr streiten, dann beginnt der Teufelskreis der wirklichen und endgültigen Lusttötung. Ihre Partnerin wird sich unter Druck gesetzt und auf den fehlenden (Oral-)Sex reduziert fühlen, und genau das baut die an diesem Ort schon so viel beschriebene Sperre auf. Binnen weniger Monate kann die Leidenschaft durch ihren Frust und den daraus resultierenden Hormonmangel gänzlich zum Erliegen kommen.

Zunächst wird allein schon Ihr Verständnis, warum sich bei Ihrer Partnerin die besagte Mauer aufgebaut hat, dieselbe in Teilen wieder einreißen. Die wichtigsten Regeln für Sie als Mann sind also:

1. Nehmen Sie nichts persönlich! Es liegt nicht an Ihnen oder Ihren Liebeskünsten.

2. Glauben Sie auch niemals, dass irgendeine Absicht dahintersteckt, wenn sich die Erotik Ihrer Frau verändert hat. Reden Sie mit ihr darüber und zeigen Sie Verständnis!

3. Geben Sie sich Mühe und sagen Sie Ihr stets, dass Sie sie als wertvoll empfinden.

4. Zeigen Sie ihr somit, dass Sie sie **beschützen,** dass Sie hinter ihr stehen und dass sie weiterhin Ihre absolute Favoritin ist.

5. Seien Sie immer zärtlich und fordern Sie nicht zu viel.

6. Fragen Sie sie nach ihren Gefühlen und Bedürfnissen.

7. Nehmen Sie ihr vor allem das schlechte Gewissen. So baut sich Druck erst gar nicht auf.

Sie werden es erleben. Ihre Frau wird sich befreit fühlen. Sie wird Sie mit ganz anderen Augen sehen – mit denselben Augen wie am Anfang der Beziehung. Diese positiven Emotionen werden ganz natürlich Auswirkungen auf den Hormonhaushalt Ihrer Partnerin haben. Die Schmetterlinge erwachen zu neuem Leben, und genau das wollen Sie ja. Natürlich könnten Sie das auch erreichen, wenn Sie Ihre Frau eifersüchtig machten. Die Erklärung dazu habe ich geliefert. Allerdings ist hier der Erfolg nur von sehr kurzer Dauer. Nach erwachter Leidenschaft folgt ganz zwangsläufig ein großer Vertrauensverlust, und der wiederum ist ein absoluter Erotikkiller!

Gegenseitiges Vertrauen ist das A und O, das eherne Fundament einer funktionierenden Beziehung und so auch für die Rückkehr der Leidenschaft. Das würde Ihnen sicherlich jeder Paartherapeut erzählen, nur dass er Ihnen wahrscheinlich nicht die ganzheitlichen Zusammenhänge aufzeigen würde. Wenn das Grundvertrauen besteht und noch nie erschüttert wurde, dann verändern sich die hormonellen Ausschüttungen bei Ihrer Partnerin sehr schnell. Müssen erst alte Wunden heilen, muss Vertrauen mühsam neu gewonnen werden, dann ist Geduld das Gebot der Stunde.

Die natürlichen „Schwächen" der Frau –
oder was irrtümlich als Schwäche ausgelegt wird

Es ist mehr als wahrscheinlich, dass schon die Urfrau äußerst kommunikativ war. Sie musste sich mit all den anderen Sippenmitgliedern arrangieren und austauschen, die in den Behausungen blieben, während die Jäger auf der Pirsch waren. Für sie war es praktisch überlebenswichtig, Freundschaften und Beziehungen zu knüpfen und diese auch zu pflegen. Ihre Fähigkeiten, sensibel auf Stimmungsschwankungen in ihrer Umgebung zu reagieren, halfen ihr, Missstände und Gefahren, die den Zusammenhalt der Gruppe gefährdeten, zu erkennen und rechtzeitig zu intervenieren. Dafür benutzte sie seit jeher ihre Sprache und ihren wesentlich größeren Wortschatz. Noch heute reden Frauen viel mehr, als es Männer tun. Sie sind es in der Regel auch, die alle Geburtstage im Kopf haben, weil sie nach wie vor darauf erpicht sind, Freundschaften und Familienbande zu pflegen und zu erhalten. Registrieren ihre naturgegebenen Antennen, dass etwas in ihrer Umgebung schiefläuft, so hat sie nicht selten die negative Tendenz, alle Schuld bei sich zu suchen, was sie auch regelmäßig in Depressionen treibt. Aus der Tatsache, dass ihre Priorität in der Kommunikation liegt, resultiert eines der größten Missverständnisse zwischen Mann und Frau. Hier ein Beispiel.

Sabine: *„Du, Heiko, stell dir nur vor, ich habe heute zufällig gehört, wie sich unsere Nachbarinnen unterhalten haben.*

Oh mein Gott, weißt du, was sie gesagt haben? Frau Meier meinte tatsächlich, unser – hörst du – unser Garten würde aussehen wie ein Kartoffelacker!!! Ich habe deutlich gehört, wie sie sagte: ,Sabines Garten!' Sie meint mich, hörst du, ich fasse es nicht, bin völlig entsetzt. Was habe ich denen eigentlich getan???!!! Ich war doch immer freundlich, blablabla ..."

Heikos falsche Reaktion: *„Lass sie doch quatschen, Sabine. Wenn sie nichts Besseres zu tun haben. Ich versteh gar nicht, weshalb du dich darüber aufregst."*

Mit dieser gut gemeinten Antwort hat Heiko garantiert einen fetten Nagel in den Erotiksarg geschlagen. Sabine zählte auf ihn als Beschützer – und er versagte kläglich. Im schlimmsten Fall wird sie das nicht nur als Gleichgültigkeit auslegen (und darüber frustriert sein), sondern als Schwäche.

Da sie schon immer das schwächere Geschlecht waren, leiden Frauen auch heute noch häufig unter ausgeprägten Aussortierängsten. Viel stärker als Männer waren sie auf die Hilfe der Gruppe angewiesen, deshalb sorgen sie für eine größtmögliche Harmonie in ihrem direkten Umkreis. Frauen wollen nicht nur, sie müssen schlichtweg von anderen akzeptiert und gern gehabt werden – insbesondere von ihrem Jäger. Aus diesem Grund fällt es ihnen auch so schwer, Nein zu sagen – um beliebt zu bleiben, wollen sie andere nicht enttäuschen und bemühen sich, stets in einem guten Licht zu erscheinen. Lieber lügen sie, dass sich die Balken biegen, als zu riskieren, Zuneigung zu verlieren.

Für Frauen stellt es also tatsächlich eine Katastrophe dar, wenn Nachbarinnen über sie tratschen. Die richtige Reaktion ihres Mannes wäre hier folglich: *„Was? Ehrlich? Was bilden die sich eigentlich ein? Die sollen in ihrem eigenen Garten schauen. Warte, ich klingel mal bei Frau Meier und stelle sie zur Rede!"* Keine Angst, genau das wird eine Frau in der Regel erfolgreich verhindern. Für Sabine wäre es nämlich ganz schrecklich, würde Heiko tatsächlich wutentbrannt die nachbarliche Wohnung stürmen. Frauen möchten keinen Streit, sie brauchen ihre harmonische Umgebung, die ihnen die nötige Sicherheit gibt. ABER: Heiko hat ihr mit seiner Reaktion Schutz zugesichert! Er signalisiert Bereitschaft, für Sabine mit der Keule in den Krieg zu ziehen, um ihren Ruf zu verteidigen. So bleibt er ganz sicher ihr stärkstes Männchen (und ihr Hormonspiegel bleibt auf dem Niveau, wo er sein soll).

Nebenbei bemerkt: Frau Meier sagte zu ihrer Nachbarin: *„Schau mal, im Garten von Sabine könnte man doch auch ein tolles Kartoffelbeet anlegen. Beneidenswert, wie viel Platz sie hat …"*

Es gibt noch ein natürliches Dilemma, das regelmäßig für Streit und Frust zwischen Partnern sorgt: der weibliche Nestbautrieb. Der hat die Frau mit lupengleichen Augen ausgestattet. Mit ihnen streift sie – triebgesteuert – durch die Wohnung und registriert jede noch so kleine Veränderung. Staubkörner erscheinen groß wie Taubeneier und der volle Mülleimer bekommt die Ausmaße einer mittleren Sondermülldeponie. Dreckige Fenster animieren sie zu spontanen Putzorgien. Dabei ist es ihr egal, dass ihr Jäger gerade in sein Feuer starrt.

Wenn es in Ihrer Beziehung hauptsächlich die Aufgabe Ihrer Frau ist, den Haushalt zu meistern, dann achten Sie, lieber Leser, stets darauf, ihr nicht noch mehr Arbeit aufzubürden, als sie ohnehin schon hat. Hinterlassen Sie, wo Sie gehen und stehen, Spuren der Unordnung, so wird Ihre Frau das eines Tages persönlich nehmen. Verständlich, schließlich scheint es Ihnen wurst zu sein, dass sie immer noch mehr Zeit als ohnehin schon fürs Sauberhalten investieren muss. So wird sie eines Tages daraus schlussfolgern: Ich bin ihm völlig egal – mit weitreichenden Konsequenzen. Bedenken Sie, an jeder Ecke kann der nächste Jäger lauern, der nur darauf wartet, Ihre Frau auf Händen zu tragen.

Beispiel Unsicherheit: Frauen sind unbestritten noch immer das körperlich schwächere Geschlecht, Emanzipation hin oder her. Die Natur hat sie deshalb mit einer großen Portion Vorsicht ausgestattet, die über jahrtausendelang bitter nötig war, um erfolgreich überleben zu können. Befindet sie sich außerhalb ihrer sicheren Höhle, in einer völlig fremden Umgebung, sind alle ihre Sinne geschärft. In einem ihr unbekannten Restaurant geht sie genau deshalb nur ungern allein zur Toilette. Diese Ängstlichkeit ist ein Überbleibsel aus der Vorzeit. Während ein Mann so gut wie überall gefahrlos Wasser lassen kann, ist das Erledigen dieses Bedürfnisses für die Sammlerin seit Urzeiten eine höchst unsichere Situation. Ein Mann, der in der freien Natur pinkeln geht, steht erstens immer aufrecht und zweitens, wenn vorhanden, mit dem Gesicht zu einem Baum (oder einem anderen Gegenstand). Frauen dagegen würden dies nie tun. Wenn sie draußen „müssen", so suchen sie sich immer einen Schutz im Rücken. Die Gründe dafür sind evolutionsbedingt. Durch die hockende Haltung ist eine schnelle Flucht unmöglich. Das hinterlässt bis heute ein Gefühl der Unsicherheit. Der Jäger schützt beim Pinkeln in erster Linie sein wichtigstes Körperteil – nämlich sein Fortpflanzungsorgan – vor einem potentiellen Angriff. Während er z. B. gegen einen Baum pinkelt, sichert er durch Umherschauen die Umgebung ab.

Wenn Ihre Frau Sie in einer Raststätte das nächste Mal fragt, ob Sie sie auf die Toilette begleiten (weil eine Freundin gerade nicht zur Hand ist), dann gehen Sie doch bitte mit und warten Sie geduldig vor der Tür. Ihr schlecht ausgeprägter Orientierungssinn lässt sie nicht selten in die falsche Richtung laufen, wenn sie zurück zum Tisch möchte. Noch besser: Fragen Sie Ihre Partnerin doch einmal, ob Sie sie aufs WC begleiten sollen. An ihrem hingebungsvollen Blick werden Sie sofort erkennen, dass Sie für sie nun das uneingeschränkte Alphamännchen sind.

Zugegeben, das klingt nach Komik, aber ich meine es wirklich ernst. Auch wenn im Zuge der Emanzipation Männer weicher und Frauen männlicher werden sollten, so entspricht das keinesfalls ihrer beider Biologie. Andererseits sollen Frauen nun auch nicht zurück an den Herd und ihrem Jäger Untertan sein. Das ist genauso wenig „artgerecht". Ich selbst bin nicht nur Buchautorin, sondern auch selbstständige Unternehmerin. Binnen zweier Jahre habe ich eine Firma aufgebaut, die in kürzester Zeit schwarze Zahlen schrieb und die tagtäglich expandiert – emanzipierter geht es nicht. Ich kann weder gut kochen, noch eigne ich mich zur Männerbetreuung. Und Bügeln ist mir geradezu verhasst. Aber ich habe viel dazugelernt. Ich kenne die evolutionären Mechanismen und habe mich von Anfang an darauf eingestellt. Meinen neuen Partner nahm ich von Beginn an in die Pflicht. Ich hatte das große Glück, dass er „verstanden" hat. Das Thema interessierte ihn schon deshalb, weil er das „Migräne-Problem" aus seinen zurückliegenden Beziehungen kannte. Es fielen Groschen über Groschen und es vergeht kein Tag, an dem wir nicht an unserer Beziehung arbeiten. Das hört sich sehr anstrengend an, ist es aber gar nicht. Es macht Spaß – und er ist es mir Wert. Auch wir sind nicht perfekt und geraten hin und wieder aneinander, letztendlich aber siegt der Wille, zusammenbleiben und auch die Erotik erhalten zu wollen.

Die Sperre überwinden – sieben Regeln gegen die „Migräne" für SIE

Die praktische Überwindung der Sperre, die Sie empfinden, „wenn seine Hand unter Ihre Bettdecke gleitet", ist eigentlich ganz einfach – sie ist allerdings nicht ohne Arbeit und Übung zu haben. Zunächst wird allein schon das Verstehen, warum sich diese Mauer aufgebaut hat, auch bei Ihnen jede Menge Hindernisse abbauen. Nun gilt es, immer den weiblichen Verstand zu nutzen und positiv zu denken.

1. Nehmen Sie sich täglich ein paar Minuten und erinnern Sie sich an die ersten Monate des Verliebtseins. Wie haben Sie sich damals gefühlt, wie haben Sie Ihren Partner gesehen? Was und wie haben Sie damals über ihn gedacht? Kurzum, in wen haben Sie sich verliebt? Bedenken Sie stets, er ist immer noch derselbe! Er hat sich nicht großartig verändert, vielmehr haben sich Ihre Einstellung und Sichtweise (hormonell gesteuert) im Laufe des Beziehungsalltags modifiziert. Deshalb:

2. Vergleichen Sie ihn ganz bewusst nicht mit den fiktiven Helden aus den Medien. Diesem Vergleich *kann* er gar nicht standhalten. Bedenken Sie dabei, dass sich das Gehirn vollautomatisch (und unterbewusst) einen Durchschnittswert bildet, der eben meistens vom Fernsehen bestimmt ist. Schalten Sie also Ihren wunderbaren Verstand ein.

3. Nutzen Sie nun immer Ihr bewusstes Denken! Der weibliche Sexualtrieb unterscheidet sich gravierend

vom männlichen. Während die männliche Bereitschaft zu schnellem Sex lediglich den Auftrag hat, seine Gene „an die Frau" zu bringen, ist Ihre Sexualität darauf ausgelegt, sich den Vater Ihrer Kinder genau auszusuchen – und dafür müssen die erwähnten Rahmenbedingungen gegeben sein. Da wären vor allem zu nennen:

4. Stärke, Fürsorge und Vertrauen. Hat er das für Sie, vertrauen Sie ihm? Ist er Ihr stärkstes Männchen? Natürlich, sonst wären Sie nicht mit ihm zusammen. Denken Sie von nun an immer an seine positiven Eigenschaften – und vergessen Sie die Socken unterm Bett und seine ewige Vergesslichkeit.

5. Rufen Sie sich stattdessen, sooft es geht, die anfänglichen Verliebtheitsgefühle in Erinnerung. Achten Sie einmal auf Ihren Körper, Sie werden ganz schnell spüren, wie er auf Ihre Gedanken reagiert. Das glauben Sie jetzt nicht? Dann schließen Sie die Augen und stellen Sie sich ganz intensiv vor, Ihr Liebster würde in den Armen einer anderen liegen. Was empfinden Sie? (Wenn es Ihnen egal ist – was ich nicht glaube –, dann trennen Sie sich besser!)

6. Gleitet also seine Hand unter Ihre Bettdecke, dann versetzen Sie sich mental zurück in die Verliebtheitsphase. Alle überflüssigen und abtörnenden Gedankenfetzen, die versuchen, sich in Ihr Gehirn zu schleichen, müssen Sie sofort im Keim ersticken. Drehen Sie sie dafür einfach um. Hier ein paar Beispiele:
Eigentlich habe ich keine Lust. = Sex mit ihm ist klasse!
Ich bin müde. = Ich freue mich auf einen geilen Orgasmus!
Nicht schon wieder! = Ich bin so froh, ihn gefunden zu haben!
Hat Kevin geweint? = Ich bin eine begehrenswerte Frau!

7. Erlauben Sie sich allerdings ganz selbstverständlich, eben auch ab und zu mal keine Lust zu haben, und sprechen Sie das aus. Lernen Sie doch einfach von Ihrem Partner und legen Sie um Himmels willen das schlechte Gewissen ab, es ist absolut unnötig. Männer haben doch auch kein Problem damit, einfach einzuschlafen, wenn sie müde und erschlagen sind, Ihr Partner wird Ihnen das sicherlich bestätigen.

Vieles findet tatsächlich nur in unseren Gedanken statt. Während Sie früher vor lauter Selbstzweifeln nicht mehr in den Schlaf fanden, schlummerte Ihre bessere Hälfte meistens selig – und war keineswegs beleidigt.

Die natürlichen „Schwächen" des Mannes –
oder was irrtümlich als Schwäche ausgelegt wird

Beispiel Unordnung: Die Hauptaufgabe des Jägers bestand darin, umherzustreifen, Wild zu erlegen, die Sippe gegen Angreifer zu verteidigen, seine Familie zu beschützen – und Kinder zu zeugen. Nach getaner Arbeit saß er am liebsten schweigend vor dem Lagerfeuer und erholte sich von seinem anstrengenden Tagwerk. Noch heute ist das Leben des Mannes praktisch hierauf ausgelegt, weshalb die Natur ihn für seine Aufgaben bestens ausgerüstet hat. Sein Orientierungssinn ist phänomenal, seine Hormone ständig zu Kampf und Sex bereit. Er liebt Dinge, die seinen gesellschaftlichen Stand unterstreichen (und somit sein Recht auf Fortpflanzung), er parkt sicher ein und bekommt Schreikrämpfe, wenn sein Statussymbol durch eine Delle entwertet wird.

Der Nestbautrieb ist beim Mann allerdings nur wenig ausgeprägt. Er kann mit all dem, was Frauen rund um den Haushalt zu erledigen haben, nicht viel anfangen. Die Freude, die das weibliche Geschlecht beim Anblick einer klinisch sauberen Höhle empfindet, kann er meist nicht nachvollziehen.

Wenn Heiko also übersieht, dass die Küche wie ein Schweinestall ausschaut, den Wohnzimmertisch ein großer Fettfleck ziert, der Mülleimer randvoll ist und die stinkenden Socken schon wochenlang unterm Bett liegen, dann liegt das weder an seiner Faulheit noch an seiner Respektlosigkeit. Auch versucht er nicht, Sabine als billige Putzhilfe zu missbrauchen. Ihm kommt es einfach nur niemals in den Sinn, dass Fenster ab und zu vom Dreck befreit werden sollten. Für ihn sind sie auch dann noch sauber, wenn man nicht mehr hindurchsehen kann, seine Prioritäten liegen eben ganz woanders. Hier eine kleine Hilfe für Sie, liebe Leserin: Wenn Sie wollen, dass sich Ihre bessere Hälfte an der Hausarbeit beteiligt, dann müssen Sie Ihrem Jäger ganz klare und eindeutige Anweisungen geben. Es nutzt überhaupt nichts, wenn Sie die Aufgabe mit vielen Worten blumig untermalen. Damit erreichen Sie nur, dass er am Ende gar nicht weiß, was er eigentlich tun soll.

Beispiel Mülleimer: Falsch: *„Heiko, Schatz, schau mal, ich habe noch so viel zu tun. Ich muss noch zwei Maschinen Wäsche waschen, eine Laterne für Tim basteln und die Spülmaschine ausräumen. Oma hat Geburtstag und ich habe noch immer kein Geschenk für sie. Morgen früh wird der Müll abgeholt, kannst du mir bitte helfen?"*

Männer können, ganz im Gegensatz zu Frauen, nur ein kleine Anzahl von Worten aufnehmen und verarbeiten. Wenn sie in Urzeiten auf der Jagd waren, so verständigten sie sich mit ihren Sippengenossen nur sehr einsilbig. Das klang dann etwa so: *„Pssst, da vorne! Du links, ich rechts. Erst Angriff, wenn ich pfeife …"* Nutzen Sie doch in Zukunft Ihr neues Wissen im Rahmen der Mülleimerentleerung richtig: *„Heiko, kannst du bitte den Mülleimer runterbringen?"* Wichtig: Nennen Sie ihm den genauen Zeitpunkt! *„Schatz, kannst du bitte **jetzt** den Mülleimer runterbringen?"*

Sabine hätte sich wahrscheinlich viel Frust erspart, wenn sie die Hoffnung aufgegeben hätte, Heiko könnte irgendwann von ganz allein sehen, dass der Abfalleimer überquillt. Auch all die gutgemeinten Tipps, man müsse ihm den Eimer einfach nur in den Weg stellen, sodass er praktisch drüberfällt, nutzen am Ende wenig. Er sieht ihn trotzdem nicht. Entweder stolpert er tatsächlich oder er macht eine elegante Kurve drumherum.

Auch wenn Sie geschmunzelt haben, ich meine das eigentlich bitterernst. Der Mülleimer-Tipp ist uneingeschränkt auf alle Bereiche, die Haushalt und andere Frauendomänen betreffen, anwendbar.

Beispiel Schweigen: Auch Heikos Einsilbigkeit, wenn er gestresst nach Hause kommt, liegt lediglich in seiner Natur. Er braucht einfach Zeit, ins Lagerfeuer zu starren, um Stress abzubauen. Inzwischen haben Fernseher und Computerspiele das Lagerfeuer abgelöst, „Entstressen" funktioniert nun am Besten bei einem spannenden Actionfilm oder wahlweise dem Bundesligaspiel. Beides befriedigt gleichermaßen seinen Jagd- und Kampftrieb, baut das Cortisol in seinem Blut ab und entspannt ihn zusehends. Liebe Leserin, lassen Sie Ihrem Mann den Spaß und nehmen Sie es bitte nicht persönlich, wenn er schweigend vor der Kiste sitzt. Sabine wertete die Einsilbigkeit allzu oft als Lieblosigkeit und Rache für leidenschaftslose Nächte. Tatsächlich gab es diesen Zusammenhang nur in ihrer Phantasie, letztendlich war es ihr schlechtes Gewissen, das eine ganz natürliche männliche Eigenschaft mit ihrer eigenen sexuellen Unlust in Verbindung brachte. Sie fühlte sich von Heiko zurückgewiesen und das nagte zusehends an ihrem Selbstwertgefühl. Frust entstand und tötete schnell die Leidenschaft.

Wichtiges Beispiel Krankheit: Wenn Ihr Mann (Partner) krank ist, dann ist er nicht krank, sondern KRANK – und keinesfalls ein Jammerlappen. Plagt ihn ein kleiner Schnupfen, dann leidet er in gleichem Maße wie Sie, wenn Sie eine ausgewachsene Grippe ausbrüten. Seine Qualen sind übrigens nicht mit dem Fieberthermometer messbar. Schon bei 36,9 Grad fühlt er sich so elend, als wäre er kurz vor dem sicheren Exitus. Er schreit nach Pflege und Zuwendung und Sie haben nun die Aufgabe, ihn wieder „funktionstüchtig" zu machen. Tun Sie ihm die Liebe, er kann nichts dafür und er schauspielert auch nicht. Die Natur hat ihn mit einer wesentlich niedrigeren „Leidensschwelle" als der Ihren ausgestattet. Die Gründe dafür habe ich in diesem Buch schon an anderer Stelle ausgeführt. Sein Leiden dient tatsächlich Ihrem Überleben. Starb der Vater und Ernährer eines frühen Todes, war über Jahrtausende meist auch die Partnerin samt Nachwuchs bedroht (in Indien werden noch heute Witwen zusammen mit ihrem toten Ehegatten verbrannt). Also, setzen Sie die Krankenschwesternhaube auf und kochen Sie ihm eine heiße Brühe. Er wird es Ihnen danken und mit einem Mammut nach Hause kommen – sobald er wieder dazu in der Lage ist.

Erotische Sargnägel – für íhn und síe

Emotionen steuern die Biochemie, also vermeiden Sie doch zukünftig einfach das Auslösen von hormonellen „Sargnägeln".

Lieber Leser, Sie wissen nun, dass sich in Ihrer Frau eine Sammlerin befindet, die in bestimmten Situationen reflexartig an der Oberfläche erscheint. Folgende Verhaltensweisen können ihre Erotik negativ beeinflussen:

- Sie nehmen sie nicht ernst
- Sie halten nicht zu ihr
- Sie hören ihr nicht zu
- Sie lassen sie (auf der Raststätte) im Stich
- Sie lassen Unterwäsche herumliegen
- Sie verursachen ständig Mehrarbeit im Haushalt
- Sie trinken oft
- Sie machen sich über sie/ihre Probleme/ihre Figur lustig
- Sie pflegen sich nicht mehr
- Sie reden nicht mit ihr
- Sie sind ständig beleidigt
- Sie verzichten gerne auf das Vorspiel
- Sie machen sich über Stimmungsschwankungen lustig
- Sie flirten mit anderen Frauen
- Sie sprechen mit Bewunderung von anderen Frauen
- Sie lügen
- Sie behandeln sie wie eine Mutter, Schwester, Bekannte
- Sie sagen *Mutti* zu ihr
- Sie machen ihr nie Geschenke

- Sie vergessen ihren Geburtstag
- Sie kritisieren sie andauernd
- Sie arbeiten nicht an Ihren eigenen Schwächen und trampeln dafür auf ihren herum

Liebe Leserin, Ihnen ist nun bewusst, dass Ihr Jäger ganz anders funktioniert als Sie. Nun haben Sie die Chance, viele seiner im Folgenden aufgeführten natürlichen Eigenschaften nicht mehr als Schwäche auszulegen und somit persönlich zu nehmen.

- Er schweigt, wenn er von der Arbeit kommt
- Er hat keinen ausgeprägten Ordnungssinn
- Er redet oft von Sex
- Er wäscht zweimal pro Woche sein Auto
- Er tobt bei einer Sportveranstaltung vor dem Fernseher
- Er jammert bei der kleinsten Verletzung
- Er vergisst den Hochzeitstag
- Er weint beim verlorenen Fussballfinale
- Er bringt bei einem Einkauf nur die Hälfte der aufgelisteten Produkte mit
- Er vergisst einen wichtigen Familientermin
- Er liebt seine Kumpels
- Er gibt mit seinem Auto an
- Er würde am liebsten sein Motorrad im Wohnzimmer parken
- Er hasst Sonntagsbesuche
- Er ist bei einem Actionfilm nicht ansprechbar
- Er kann Stunden vor dem Computer verbringen
- Er hat ein Bäuchlein
- Er kann keine Gedanken lesen

Starten Sie einen ganz neuen Anfang – jetzt!

Wenn Sie mit Ihrem Partner über alles gesprochen haben, wenn Sie beide dieses Buch gelesen haben, wenn Sie die beschriebenen Mechanismen nachvollziehen können und wenn Sie sich vertrauen – dann beschließen Sie doch einfach, noch einmal ganz von vorn anzufangen.

Treffen Sie sich in einer Kneipe, in einem Restaurant oder im Kino. Verabreden Sie sich, als würden Sie sich kaum kennen, und gehen Sie getrennt dorthin. Brezeln Sie sich richtig füreinander auf und erinnern Sie sich an das, was Schmetterlinge zum Fliegen bringt: das erste Date. Mieten Sie sich in einem Hotelzimmer ein und verbringen Sie dort eine gemeinsame Nacht. Kuscheln Sie miteinander, Sie müssen nicht einmal miteinander schlafen. Es ist sogar spannender, den Prozess der Annäherung noch ein wenig in die Länge zu ziehen. Sie werden es erleben, die Schmetterlinge kehren zurück – gehirngesteuert durch Ihr Handeln.

Von nun an müssen Sie immer an sich arbeiten, beide gleichermaßen. Die Arbeit besteht vor allem darin, das Gehirn einzuschalten, bevor negative Emotionen unter dem Einfluss uralter Triebe hochkochen. Benutzen Sie Ihre grauen Zellen immer dann, wenn Sie sich (unnötig) ärgern, und fragen Sie sich: Hätte mich das früher, in den ersten Wochen und Monaten der Partnerschaft, auch auf die Palme gebracht? Und bevor Sie sich dorthin katapultieren lassen: Über was ärgere ich mich jetzt eigentlich? Über den Jäger im Neuzeitmann oder die Sammlerin in der Karrierefrau?

Alle Menschen haben ihre (vermeintlichen) Schwächen, keiner kann wirklich so perfekt sein wie unsere Idealvorstellungen. Aber wir können unser Bestes geben – und über alles reden. Stellen Sie sich in Momenten der Verärgerung immer vor, wie es ohne Ihren Partner wäre. Stellen Sie sich vor, wie es wäre, wenn Sie ihn ab morgen nicht mehr hätten. Stellen Sie sich Ihren Partner in ärgerlichen Situationen immer wieder so vor, als hätten Sie ihn gestern erst kennen gelernt.

Die Hauptarbeit des Mannes besteht ganz klar darin, in den Augen seiner Partnerin der erfolgreiche Genträger zu bleiben und diesen Status nicht unnötig aufs Spiel zu setzen. Bringen Sie ihr kleine Geschenke mit, überraschen Sie Ihre Frau und lassen Sie nicht zu, dass Ihre Liebe im Alltag untergeht. Bemühen Sie sich immer um sie und zeigen Sie ihr Ihre Wertschätzung. Kurz und elementar: Seien Sie AUFMERKSAM. Fungieren Sie stets und immer als ihr BESCHÜTZER.

Respekt ist das Gegenteil von Schwäche – aber Respekt muss man(n) sich verdienen.

Für beide Partner gilt gleichermaßen: Haben Sie Verständnis für die Bedürfnisse Ihres Gegenübers, auch wenn diese sich von den Ihren unterscheiden. Nehmen Sie Ihren Partner ernst, auch wenn Sie so manches nicht immer nachvollziehen können. All diese Verhaltensweisen lassen die evolutionären Mechanismen erst gar nicht zum Zuge kommen. Der Respekt bleibt und damit auch die Lust.

Den Sprung, den ich nach all meinen Erkenntnissen in eine neue Beziehung wagte, habe ich nie bereut. Mein neuer Partner und ich sind nun seit mehr als fünf Jahren zusammen. Wir reden viel miteinander und lachen noch viel mehr. Das ist wichtig. Ein weiterer Vorteil ist aber eben auch, dass mein Partner schon einige langjährige Beziehungen hinter sich hat und sich beim Lesen meines Buches in Heiko wiedererkannte. Unser Sexualleben ist ausgeglichen, auch nach dem Verschwinden der ersten Schmetterlinge. Wir hüpfen nicht mehr täglich in die Betten, aber sicher regelmäßig. Dann ist es jedoch wie am Anfang – ohne Einschränkung. Wenn einer von uns beiden keine Lust hat, dann grinsen wir darüber und akzeptieren es. Wie gesagt, natürlich streiten wir uns auch, aber wir versöhnen uns auch wieder und gehen niemals mit Groll zu Bett.

Und genau dies sind die partnerschaftlichen Strukturen, die bei den wenigen Paaren, die ich im Laufe der Jahre traf, vorherrschten, die das Problem „Migräne" gar nicht kannten. Sie sah in ihm immer den Beschützer, ihr uneingeschränktes „Alphatier", und er achtete (unbewusst) darauf, dass das so blieb. Respekt ist das Gegenteil von Schwäche, ich denke, Sie haben das nun verstanden. Beide müssen etwas tun. Er muss sich ihren Respekt verdienen und sie muss ihn respektieren – und über seine vermeintlichen Schwächen hinwegsehen.

Im Rahmen meiner Untersuchung habe ich auch mit Ehepaaren gesprochen, die jenseits der Vierziger oder Fünfziger den Sprung in eine neue Beziehung gewagt haben. Bei vielen blieb die Leidenschaft erhalten. Völlig unbewusst taten sie genau das Richtige. Eine der älteren Damen beschrieb es mit den folgenden Worten:

„Ich bin nicht mehr wie früher, als ich die Männer nach meinen Wünschen formen wollte. Ich habe nicht mehr den Ehrgeiz, sie zu erziehen, ihnen Eigenschaften ab- oder anzugewöhnen. Ich bin wesentlich gelassener geworden und habe im Laufe der Jahre gelernt, die Dinge an dem Mann zu schätzen, in die ich mich am Anfang verliebt habe. Über seine (vermeintlichen, Anm. der Autorin) Schwächen schaue ich hinweg. Ich versuche, ihn nicht zu ändern, weil ich aus Erfahrung weiß, es wird mir sowieso niemals gelingen."

Und damit tut sie nichts anderes, als ihrem Mann den Status zu bewahren, den er am Anfang, in der Zeit der Schmetterlinge, besaß. Sie weiß, und ihr Hormonspiegel bezeugt dies, dass er ihr Alphamännchen ist. Gesteuert hat sie das mit ihrem Verstand.

Der Natur ist ein starker Genträger wertvoller als die Gefahr der Inzucht.

Das meine Beziehung glücklich bleibt, liegt nicht nur in meiner Verantwortung, auch wenn der Schutzmechanismus in meinen Genen verankert ist. Um ihm ein Schnippchen zu schlagen, muss mein Partner diesen Mechanismus verstehen – um mich verstehen zu können –, und er muss genauso handeln wie ich.

Insgesamt finden wir beide gleichermaßen das Thema dieses Buches spannend – und keinesfalls belastend. Wir haben auf jeden Fall ...

... der Evolution ein Schnippchen geschlagen!

Liebe Leserin, lieber Leser,

gern nehme ich Feedbacks entgegen. Ich bin interessiert an Ihren Erfahrungsberichten, die mit der Thematik dieses Buches zu tun haben, und ich beantworte auch gern Fragen zu meiner Person. Nutzen Sie dafür bitte meine E-Mail-Adresse:

lena@light-life.net

Oder besuchen Sie mich auf einer meiner Homepages:

www.mehr-lust-auf-sex.de
www.lightlife-women.de

Auf der letztgenannten Internetseite geht es primär um die natürlichen Gründe, die Übergewicht verursachen. Im angeschlossenen Forum aber ist auch ein Bereich geschaffen, in dem sich Interessierte über das Thema dieses Buches austauschen können. Anfangs war die Registrierung kostenlos. Das hatte leider zur Folge, dass sich jede Menge seltsame User anmeldeten. Vom Pädophilen bis zum Vertreter für Sexspielzeug. Deshalb verlangen wir nun für die Teilnahme € 1,– im Monat, also € 12,– für ein Jahr. Seitdem haben wir Ruhe.

Ich wünsche Ihnen alles erdenklich Gute und eine tolle, spannende und vor allem leidenschaftliche Beziehung!

Ihre Lena Bredow

Meine Bücher können übrigens auf meiner oben erwähnten Homepage, in jeder guten Buchhandlung oder im Internet, zum Beispiel bei www.amazon.de, bestellt werden.

Bücher zum Thema und Quellen:

William F. Allman
„Mammutjäger in der Metro"

Ein tolles Buch, das die Probleme beschreibt, die Menschen im gesellschaftlichen Zusammenleben aufgrund ihrer Entwicklungsgeschichte haben. Verständlich und spannend geschrieben.

Allan + Barbara Pease
„Warum Männer nicht zuhören und Frauen schlecht einparken"

Mit Charme und Witz erfährt der Leser, wie sehr der Jäger und die Sammlerin im Neuzeitmenschen aktiv sind – und welche Missverständnisse aus dieser Tatsache resultieren.

John Gray
„Männer sind vom Mars, Frauen von der Venus"

Hier erklären sich die Unterschiede der Geschlechter. Das Buch ebnet den Weg für mehr Verständnis innerhalb der Beziehung.

Quantenphysik & more

Jürgen Karsten, **„Das Mentalprinzip – Denken wirkt!"**

Volker J. Becker, **„Gottes geheime Gedanken"**

Bruce Lipton, **„Intelligente Zellen"**

Howard + Daralyn Brody, **„Der Placebo-Effekt"**

Weitere Bücher der Autorin:

In ihren Büchern erklärt Lena Bredow anschaulich und leicht verständlich den Ausweg aus dem Diätenkreislauf.

„Warum essen nicht dick macht"

Das Buch räumt gnadenlos mit all dem Unfug auf, der uns in den vergangenen Jahren und Jahrzehnten von Brigitte, Atkins, Strunz und wie sie alle heißen mögen als der Weisheit letzter Schluss verkauft wurde: Fett, Kohlehydrate, Eiweiße etc. sind mal die Guten, mal die Bösen. Fast jede Woche wurde „eine neue Sau durchs Dorf getrieben". Profitiert haben von den Wunderrezepten am Ende nicht die, die sich die Lösung ihrer Übergewichtsprobleme erhofft haben, sondern die, denen es eigentlich primär um sich selbst ging: die Abnehm-Propheten beim Tanz um das goldene Diät-Kalb! Was macht nun dieses Buch so unverwechselbar? Die Antwort ist so banal wie genial: Es ist die Essenz aus unzähligen Beobachtungen über das Essverhalten übergewichtiger Menschen und den Gesprächen mit ihnen. Es beschreibt einfach und verständlich, nicht pseudowissenschaftlich verklausuliert, worauf es bei der Ernährung wirklich ankommt. Essen macht nicht dick, Nichtessen macht dick!

„Schlanke haben kein Geheimnis"

Ob der Körper Fett einlagert, ob man dick oder dünn durchs Leben geht ist kein festgeschriebenes Schicksal, keine Frage des Setpoints oder der Erbanlagen. Am allerwenigsten aber hat es mit dem zu tun, was wir essen. Dieses Buch betrachtet den Körper ganzheitlich. Erklärt ihn und seine natürlichen Mechanismen aus dem Ursprung seiner Entwicklungsgeschichte. Der Leser wird im wahrsten Sinne des Wortes erleichtert. Kalorien, Diäten, gute und böse Lebensmittel spielen ebenso wenig eine Rolle beim Abnehmen wie Extraeinkäufe und Verzicht. Dem Körper beweisen, dass er keine Nahrung einzulagern braucht, ist das Geheimnis schlanker Menschen. Die Autorin beschreibt einen erfolgreichen Weg aus dem Teufelskreis der Überinformationen, den sie seit vielen Jahren zusammen mit Übergewichtigen geht.

„Starke Mütter – schlanke Kinder"

Mit politischer und gesellschaftlicher Unterstützung werden Kinder heute geradezu ins Übergewicht getrieben. Essstörungen sind zu einer Massenepidemie geworden und all die Aufklärung hat, zusammen mit dem Schlankheitswahn, dafür gesorgt, dass in Spanien die Todesursache Nr. 1 bei jungen Mädchen Magersucht ist.

„Iss dies nicht, iss das nicht, pass auf, dass du nicht dick wirst, verzichte auf dies und iss lieber das." Ängste werden geschürt, Nahrung künstlich verknappt und Kinder mittels dieser Signale fatalerweise zu guten Futterverwertern gezüchtet, die ihre unbeschwerte Zukunft im Diät-Dschungel verlieren.

Dieses Buch zeigt Lösungswege aus dem Dilemma, hilft mit praktischen Tipps, Mütter und Kinder zu einem normalen Essverhalten zu führen – und ihnen so die Chance auf eine schlanke Zukunft zu geben.

„Iss doch, was du willst –
und werd ganz einfach schlank"

Ein kleines Lexikon von A wie Abnehmen bis Z wie Zunehmen. In kurzen und knackigen Absätzen werden alle
Irrtümer ausgeräumt, die in Sachen Gewichtsreduktion
auf dem Markt sind. Befreiend und in jeder Hinsicht er-
leichternd!